Aussteigen auf Zeit

Anke Richter

Aussteigen auf Zeit

Das Sabbatical-Handbuch

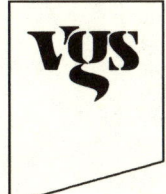

Die Informationen und Anleitungen in diesem Buch sind von Autorin
und Verlag nach bestem Wissen und Gewissen sorgfältig erwogen und geprüft.
Autorin und Verlag übernehmen keinerlei Haftung für etwaige Personen- oder
Sachschäden, die sich aus Gebrauch oder Mißbrauch der in diesem Buch
aufgeführten Möglichkeiten ergeben.

Die Deutsche Bibliothek – CIP-Einheitsaufnahme

Richter, Anke:
Aussteigen auf Zeit : das Sabbatical-Handbuch / Anke Richter. –
Köln : vgs, 1999
ISBN 3-8025-1386-X

Umschlaggestaltung: CCG, Köln
Redaktion: Martina Weihe-Reckewitz
Lektorat: Eva Manke
Produktion: Ilse Rader
Satz: TypoForum GmbH, Singhofen
Druck: Clausen & Bosse, Leck
Printed in Germany
ISBN 3-8025-1386-X

Besuchen Sie unsere Homepage im WWW:
http://www.vgs.de

Inhalt

Prolog

Es war vier Uhr morgens, aber ich konnte immer noch nicht schlafen. Draußen polterte die Müllabfuhr, unter mir schnarchte eine dicke Frau aus Dänemark. Ich saß auf einem Etagenbett in meinem Schlafsack und schlürfte Rotwein aus einem Plastikbecher in der Hoffnung, damit den Jetlag zu besiegen.

Vor fünf Stunden war ich in Melbourne gelandet und fühlte mich miserabel. Lächerlich und viel zu alt kam ich mir vor mit meinem Rucksack und all den kühnen, kitschigen Träumen von Freiheit und Abenteuer, für die ich meine Stelle in einer Fernsehproduktion und mein etabliertes Leben samt Freund für ein halbes Jahr an den Nagel gehängt hatte. »Was will ich hier eigentlich???«, schrieb ich auf die erste Seite des Reisetagebuchs und zerbrach mir meinen übermüdeten Kopf darüber, wo ich in den nächsten Tagen für wieviel Geld einen Gebrauchtwagen kaufen könnte. So sah es also aus, das Aussteigen in Australien, auf das ich die letzten Monate hingelebt hatte: Planungsstreß und Katerstimmung in einer Jugendherberge am anderen Ende der Welt.

Der Jetlag verschwand, dann der Kater, und die Absteige namens »Ritz« wurde abgelöst von Zelten unter raschelnden Eukalyptusbäumen und Camps im tropischen Regenwald, von Pritschen in klapprigen Wohnwagen, einer Koje im Überland-Lastwagen, Hängematten vor Bambushütten, dem zerschlissenen Himmelbett auf einer Avocado-Farm und einer unbewohnten Robinson-Insel voller Kakadus, auf der ich mich von einem Segler aussetzen ließ. Meinen Reiseführer verbrannte ich nach zwei Wochen im Lagerfeuer. Rucksack wie Kopf wurden jetzt leichter. Ich plante nichts mehr und ließ mich treiben – durch neue Landschaften, Welten, Lieben.

Im letzten Monat meiner Nomadenzeit saß ich um vier Uhr morgens in meinem Schlafsack an einem menschenleeren Strand am nördlichsten Zipfel des Kontinents und wartete auf den Sonnenaufgang. Ich war viele Stunden durch Regenwald und über Klippen gewandert, um an diesen Ort zu kommen. Hier gab es nichts außer ein paar Palmen und Wellen, die auf den warmen Sand schwappten. Die Sonne stieg tiefrot aus dem Wasser, bekam einen goldenen Rand und wurde klar, hell und neu. »Ich bin im Paradies. Endlich. Und viel zu spät!«, schrieb ich in mein Tagebuch. Meine 30 Jahre, mit denen ich noch ein halbes Jahr zuvor gekämpft hatte, fühlten sich stark und gut an wie nie. Ich hatte die beste Entscheidung meines Lebens getroffen.

Anke Richter, im Dezember 1998

Nichts wie weg
So werden Träume wahr

> *»Ich werde mir Urlaub nehmen, so lange ich brauche.«*
> *»Nur um Spaß zu haben?«*
> *»Nein! Ich will herausfinden, warum ich arbeite.*
> *Die Antwort kann doch nicht sein, nur Rechnungen*
> *zu bezahlen und mehr Geld anzuhäufen ... Ich werde*
> *es nicht herausfinden, während ich hinter irgend-*
> *einem Schreibtisch in einem Büro sitze. Also haue ich*
> *für eine Weile ab, sobald ich genug Geld zusammen*
> *habe. Komme zurück und arbeite, wenn ich weiß,*
> *wofür ich arbeite. Macht das Sinn?«*
>
> Cary Grant zu Katharine Hepburn
> in dem Film »Holiday« (1938)

Lieber Fernweh als Frust

Stellen Sie sich vor, es ist Feierabend. Kein Auto wartet in der Tief-
garage, kein Nieselregen, keine schlechte Laune. Keine Schultern,
die vom Tippen am Computer schmerzen. Keine muffeligen Kollegen. Keine Steuererklärung, die zu Hause erledigt werden muß.
Statt dessen ein Bad im Meer, danach ein Picknick am Strand, und
schließlich in die Sterne gucken bis zum Einschlafen. Die Kokosnüsse fallen hören und davon träumen, wie der nächste Tag wird:
Morgens frische Mangos pflücken, Feuer machen, das Kanu reparieren, vielleicht noch schnorcheln. Und die nächste Woche? Eine
Trekkingtour durch den Dschungel? Wird spontan entschieden! Und
die nächsten Monate? Wenn das Geld noch reicht, ein Flug auf
die Nachbarinsel. Ansonsten versuchen, per Boot rüberzukommen.
Oder doch mit der Hilfsorganisation Medikamente zu den Einge-
borenendörfern transportieren? Mal sehen ...

Geben Sie es zu: Sie können sich diesen Zustand nicht vorstellen,
ohne sehnsüchtig zu werden. Und Sie halten ihn für komplett unmöglich. Dabei könnten Sie schon längst der Hauptdarsteller in die-

ser Idylle sein. Wer an diesem Punkt angelangt ist, wo im eigenen Kopf in schöner Regelmäßigkeit die Warnung »Das kann doch nicht alles gewesen sein!« aufleuchtet, sollte sich eigentlich glücklich schätzen. Denn damit ist die Grundvoraussetzung für den Angriff eines der größten und zugleich simpelsten Abenteuer, das jedem von uns offen steht, geschafft: Einfach für eine Weile aussteigen – aus dem Beruf, dem Land, der Beziehung, der Familie, dem Alltag.

Der Wunsch, alles mal hinter sich zu lassen und unbegrenzte Zeit für sich allein zu haben, ist alles andere als eine exotische Idee. Mehr als zwei Drittel der berufstätigen Deutschen träumen laut Meinungsforschung von verlängerten Ferien. Tausende von Lehrern und Beamten nahmen in den letzten Jahren ihren Anspruch auf ein Sabbatjahr wahr. Und immer mehr Stellenwechsler und Selbständige sagen einfach: »Ich gehe!«

Der Auslöser kann vieles sein. Manchmal sogar etwas so Undramatisches wie die Schlußszene eines Films, in der der Held aus dem Büro schlendert, der Tür einen letzten Tritt verpaßt und einfach ins Blaue davonfährt – auf der Zielgeraden in die Fernwehzone des Zuschauers. Das wiederum kann zu der weniger schönen Erkenntnis führen, daß man fast die Hälfte seines erwachsenen Lebens hinter sich gebracht hat, ohne einen seiner vielen Träume verwirklicht zu haben. Wenn man ganz ehrlich ist, müßte man sich eingestehen, daß man einer von den Leuten geworden ist, vor denen man sich und andere früher gewarnt hat: Eingebunden, festgefahren, angepaßt. Zu guter Letzt drängt sich noch die erschreckende Tatsache auf, daß sich an diesem Zustand von selbst auch so schnell nichts ändern wird: Man steckt zwar nicht in irgendeiner bedauerlichen Misere, sondern einfach in einem ganz normalen Leben.

Amerikanische Professoren waren die ersten, die in den sechziger Jahren das sogenannte Sabbatical (nach der alttestamentarischen Tradition, die Felder nach sechs Jahren Arbeit ein Jahr brachliegen zu lassen) erfanden. Es bedeutete ein Freizeit- und Forschungssemester, in dem man von Vorlesungen befreit war und sich allein der Regeneration des Geistes widmen konnte. Statt komplizierter Lehrbücher wurde jedoch lieber die Hippie-Route nach Asien im klapprigen VW-Bus erforscht. Kein Wunder, daß der Arbeitsabstinenz daher in den hektischen und leistungsfixierten achtziger Jahren bei uns kein guter

Ruf voranging. Solche Bummeleien billigte man höchstens Dauer-studenten und Künstlern zu. Doch mittlerweile haben gerade diejenigen, die sowohl Erfolg wie Lebensqualität schätzen, erkannt, daß ein Ausstieg auf Zeit alles andere als abwegig ist. Kreative Pausen, die vor ein paar Jahren jedem Karrieristen den Schlaf geraubt hätten, haben sich weit über die Lehrer- und Hochschulkreise hinweg durchgesetzt. Das Sabbatical ist nicht nur schwer im Trend, sondern es zieht sogar als feste Institution in die Arbeitswelt ein und kann dort allerhand Probleme lösen.

Der beste Egotrip

Ein Sabbatical ist mehr als ein Urlaub. Es ist wie zehn Urlaube am Stück samt grenzenloser Freiheit. Denn es passiert nichts außer dem, was einen hier und jetzt am meisten interessiert – also Selbst-verwirklichung pur. Ohne Wecker, ohne geregelten Tagesablauf, ohne feste Arbeit, am besten ohne Zuhause, vielleicht sogar ganz ohne Geld. Das klingt radikal, ist es aber nicht. Schließlich geht es nicht darum, sein altes Leben für immer an den Nagel zu hängen, sondern der Grundgedanke heißt: Aussteigen, um besser denn je wieder einzusteigen – mit neuen Erfahrungen, mehr Energie und einem klaren Blick für das, was wichtig ist und gut tut.

Es klingt unglaublich: Man hat den ganzen Tag nichts zu tun, verliert viele Sicherheiten, verdient kein Geld, verläßt Familie und Freundeskreis – und soll davon profitieren? Großes Ehrenwort: Es funktioniert! Und es macht riesigen Spaß und befreit von sämtlichem Ballast. Außerdem bereichert es durch Erfahrungen, die man in keinem Reisebüro und bei keinem Therapieworkshop buchen kann.

»So lange weg zu sein, verändert das Leben«, stellt die Grafikerin Jule Martin aus Hamburg fest, die drei Monate in Asien unterwegs war. »Ich reagiere auf Leute und Situationen ganz anders als vorher und bin ehrlicher zu mir selbst.« Elena Erat und Peter Materne, eine Sekretärin und ein Industriemeister aus Freiburg, radelten 24 Monate 45 000 Kilometer durch 28 Länder. Fazit: »Wir sind innerlich sehr reich geworden und genießen das Leben jetzt viel intensiver.«

Wer über einen Ausstieg auf Zeit nachdenkt, verfolgt damit logischerweise keine beruflichen Absichten. Schließlich ist ja gerade die Pause von der Arbeit der Sinn und Zweck. Die meisten Langzeiturlauber verbuchen ihr Sabbatical daher erst einmal als persönlichen Gewinn. Die Konsequenz daraus ist aber durchaus auch ein beruflicher Vorteil – vorausgesetzt, man mißt Erfolg nicht nur an den Zahlen auf dem Gehaltsauszug, sondern an dem Privileg, eine möglichst befriedigende Tätigkeit nach seinen Vorstellungen ausüben zu können.

Ein Ausstieg auf Zeit setzt vor allem nie gekannte Stärken und Energien frei. Allein der Schritt, tatsächlich den Absprung zu wagen und sich für eine Zeit von allem, was verpflichtet, freizuschaufeln, macht unangreifbar. Wenn man erst einmal den festgezurrten Alltag zwischen Arbeits- und Privatleben hinter sich gelassen hat, entdeckt man plötzlich neue Seiten an sich, gräbt verschüttete Interessen aus und schmiedet neue Pläne, um dann voller Gelassenheit und Selbstvertrauen in die Zukunft zu schauen.

Das gilt genauso für den Fall, daß man die Hängematte für einen langen Sommer im Schrebergarten statt in der Karibik festgeknüpft hat. Denn es zählt allein, wer man ist, nicht was man macht und wo man lebt.

Ein Sabbatical, in dem scheinbar nichts passiert, ist sogar oft die produktivste Zeit des Lebens. Kein Wunder, daß Managerinnen im Sabbatical Musik komponieren, Sozialpädagogen Pinsel und Leinwand entdecken oder in Versicherungsvertretern die Ideen für Romane und Drehbücher reifen. Denn die größte Kreativität legt man nach Ansicht des Erlanger Medizinpsychologen Siegfried Lehrl in Pausen und Entspannungsphasen an den Tag. »Wer sich selbst chronisch unter Streß setzt«, so der Wissenschaftler, »wird spätestens mit 40 Jahren geistig abbauen.«

Psychologen beschreiben den sensationellen Effekt einer Reise zu sich selbst als »Revitalisierung«. Streßsymptome, die modernen Gesundheitskiller Nummer eins, werden komplett abgebaut. Es ist eine Art Verjüngungskur, die meistens noch durch das Leben in der Natur mit viel Sport und Bewegung unterstützt wird. Wer ohne Hemmungen, ohne den Hintergedanken »Was die anderen wohl denken?«, ohne Verpflichtungen gegenüber Vorgesetzten oder Familienmitgliedern und aus vollem Herzen endlich einmal all das ausleben kann, was in ihm schlummert, der ist dem ausgeglichenen, verspielten Lebensgefühl eines Kindes so nahe wie nie. Er ist zufriedener, weniger depressiv und länger fit – das typische Souvenir eines Ausstiegs auf Zeit.

Worauf warten Sie noch?

Sechs Monate Zeit. Oder zehn. Oder zwölf. Wochen und Wochen, um nichts zu tun – oder alles, wovon Sie immer geträumt haben. Sechs Monate, um einer Utopie zu folgen, verborgene Talente zu entfalten, das Leben zu verändern. Eine Vorstellung, die keiner, der nie länger als sechs Wochen Urlaub gemacht hat, wirklich bis zum Ende denken kann, die aber unglaublich verlockend klingt. Denn nichts ist uns im Laufe der Zeit mehr abhanden gekommen als genau das: Zeit.

»Die Taktfrequenzen werden immer schneller«, hat der Computerunternehmer Michael Poliza festgestellt. Die »totale Erreichbarkeit« durch Handy, Beeper und E-Mail trieb er bis zum Exzeß und wurde zum Opfer seiner eigenen Technologie. Der Hobbyfilmer, der sich neben seiner Arbeit für Extremreisen, Expeditionen und exotische Tiere interessierte, machte im Sommer 1998 den kompletten Schnitt: Er verkaufte seine Firma und startete per Boot eine zweijährige »Millennium-Expedition«, um die letzten Winkel der Erde vom Wasser aus zu erforschen. Die Frage »Was will ich vom Leben?« war für ihn wichtiger als »Was bringt mich finanziell nach vorne?«. So gelangte er zur weisen Erkenntnis: »Ich will nicht nur der nächstgrößeren Zahl hinterherlaufen.«

Daß sich das Leben auch außerhalb des Arbeitsalltags abspielt, ist in einem Land, wo eher gelebt wird, um zu arbeiten, relativ neu. Und sich einfach nicht damit zu begnügen, daß einem die Firma 24 oder 30 Urlaubstage im Jahr zubilligt, sondern sich so viele zu nehmen, wie man braucht, ist geradezu unerhört. Dabei gibt es kein Gesetz, das uns verbietet, sich nur um uns selbst und unsere ganz privaten Interessen zu kümmern – ohne eine Stoppuhr im Hinterkopf und ohne ein schlechtes Gewissen.

Das halbe Leben orientiert sich bereits an den Parolen »mein

Chef* verlangt das« und »meine Familie verlangt das«. Dabei gibt es nach Vollendung des 18. Lebensjahres letztendlich niemanden außer uns selber, der uns sagen kann, was wir zu tun haben. Dennoch fehlt den meisten das (Selbst-)Bewußtsein dafür, daß sie das, was sie machen, aus Überzeugung tun sollten und nicht, weil sie es müssen.

»Den Wunsch nach Auszeiten gibt es bei jedem Menschen – das fängt schon mit der morgendlichen Kaffeepause im Betrieb oder Büro an. Da einem buchstäblich die Zeit davonläuft und man irgendwann in einer Dauerspannung zwischen Arbeits- und Freizeitstreß lebt, empfiehlt sich für die meisten auch eine längere Auszeit. Je weiter man sich räumlich und zeitlich entfernt, desto größer ist die Chance, dabei zu sich selber zu finden. Besonders Menschen, die selten zur Ruhe und Besinnung kommen wie Manager oder Politiker, würden von einem solchen Sabbatical profitieren. Ansonsten laufen sie Gefahr, wichtige Bereiche des privaten und persönlichen Lebens zu vernachlässigen und irgendwann den Burn-Out zu erleben.«

Prof. Horst W. Opaschowski, Leiter des Hamburger BAT-Instituts für Freizeitforschung

Reto Bühler war mit 30 Jahren bereits erfolgreicher Manager bei einer Plattenfirma. 16 Stunden Arbeit, abends auf Konzerte – und als Perspektive in zehn Jahren ein Herzinfarkt. »Es hat mich alles nur noch grauenvoll gelangweilt«, gibt Bühler zu. »Ich hatte keinen Spaß mehr an der Musik, und das ist das Schlimmste, was dir in dieser Branche passieren kann.« Damit er nicht mit 60 Jahren zurückblicken und feststellen muß: »Ach, hättest du doch mal . . .«, erfüllte er sich einen Traum: Ein Jahr verbrachte er lesend, träumend und zigarrerauchend auf einer Insel vor Venezuela. Er kam so erholt und

---

* Damit sind selbstverständlich Frauen wie Männer gemeint. Der besseren Lesbarkeit zuliebe heißt es in diesem Buch politisch völlig inkorrekt nur »Chef« statt »Chef/in«.

motiviert wieder, daß er nach der Rückkehr eine eigene Musik-Marketing-Agentur in Hamburg gründete.

Eine Studie der amerikanischen Cornell Universität gibt Reto Bühler recht. Demnach bedauern wir am Ende unseres Lebens nämlich nicht so sehr die Dinge, die schief gelaufen sind oder die wir falsch gemacht haben, sondern das, was wir *nicht* gemacht haben. Warum tun wir es dann nicht einfach? Wahrscheinlich, weil wir vor allem Unbekannten zurückschrecken. Aber nicht das Aussteigen, sondern das Hierbleiben und Seinen-Hintern-nicht-Hochkriegen sollten mehr Angst machen, denn beides ist auf Dauer wesentlich ungesünder und deprimierender.

Leider werden uns Risikobereitschaft, Individualismus und Abenteuerlust nicht unbedingt in die Wiege gelegt. Im Gegensatz zu vielen anderen Ländern ist in Deutschland die Vorstellung, als erwachsener Mensch eine Zeitlang diesen Planeten zu erkunden oder seinen ganz persönlichen Traum zu verwirklichen, nicht besonders verbreitet. Im Gegenteil: Ein Leben bis zum 70. Lebensjahr inklusive Firmenjubiläum, Enkelzahl und Eigenheimstandort durchzuplanen, erscheint den meisten selbstverständlich. Das tiefe Verlangen nach etwas bisher nie Erlebtem, das sich jenseits der bekannten Trampelpfade abspielt, gilt dagegen als suspekt. Dabei stecken die Ausbrecherträume in fast jedem von uns. Und nicht nur die Tourismusbranche vermarktet sie: »Die ›Traumküche‹, das ›Möbelparadies‹, die ›Fitness-Oase‹ mit ein paar staubigen Kunstpalmen irgendwo im schäbigen Gewerbegebiet sind traurige Raubkopien der ganz großen Sehnsüchte, denen nachzuspüren sich die meisten gar nicht mehr trauen«, stellt der Autor Burkhard Riedel (»Lebe deinen Traum«, München 1997) fest.

Je größer die Träume und Sehnsüchte, desto höher die Hemmschwelle, sie zu verwirklichen. Dabei gehört in den wenigsten Fällen mehr dazu als ein wenig Mut. Denn weder Geldsorgen – für die meisten irrtümlicherweise der größte Hinderungsgrund – noch der Arbeitgeber oder die Familie und Lebenspartner brauchen uns daran zu hindern. Der einzige, der Sie von einem Sabbatical abhält, sind Sie selber.

»Du mußt nur zur Tür hinausgehen und die Hand danach ausstrekken und schon ist es dein«, schrieb ein euphorischer Aussteiger, der in die Wildnis Alaskas aufbrach. Mit dem Aussteigen auf Zeit ist es wie bei einem Bungee-Sprung: Man muß sich einfach nur trauen, den entscheidenden Schritt zu tun. Passieren kann einem nichts –

außer einem Glücksgefühl, das weit mehr ist als ein Adrenalin-
rausch, und es hält viel länger an. Die Entscheidung liegt also ganz
bei Ihnen. Denn wahrscheinlich sind Sie der nächste, der reif ist für
einen Ausstieg auf Zeit.

»Sabbaticals werden in der heutigen Zeit dringend notwendig.
In unserer Hochgeschwindigkeitsgesellschaft tut man zur gleichen Zeit immer mehr. Ob man beim Joggen Musik hört oder
beim Essen fernsieht – alles läuft parallel ab, die persönliche
Zeit wird wegrationalisiert. Daher brauchen wir Auszeiten oder
Passagezeiten, um die Entschleunigung des Lebens zu lernen
und einen Ausgleich zwischen Hetze und Arbeit zu finden. Wir
haben außerdem längst keine Lebensberufsgesellschaft mehr,
sondern der Wechsel wird zum Normalzustand. Das befreit von
dem Zwang, ständig den gleichen Beruf an der gleichen Stelle
ausüben zu müssen. Gleichzeitig besteht ein hoher Orientie-
rungsbedarf, um sein Leben und seine Arbeit mit Distanz zu
sehen und zu ordnen. Ein Sabbatical zu machen heißt: Beob-
achten und auf das schauen, was man bisher getan hat. Das ist
alles andere als eine Flucht vor sich selber.«

*Karlheinz Geißler, Professor für Wirtschaftspädagogik
in München*

Verliebt, verlobt, Familie
Ein Sabbatical paßt in jedes Leben

Sag, wie lange haben Deine Füße
die nackte Erde schon nicht mehr berührt?
Haben Jahr und Tag nur totenstarren
Beton und Asphalt unter sich gespürt.

Hannes Wader, »Schon morgen«

Der richtige Zeitpunkt

Mit dem Aussteigen auf Zeit ist es wie mit dem Kinderkriegen: Eigentlich ist gerade jetzt nicht der perfekte Zeitpunkt. Aber wenn man auf den wartet, dann tut man es nie.

Natürlich gibt es günstigere und weniger günstige Umstände. Wer Single ist und weder Kind, Katze oder andere familiäre Verpflichtungen hat, sollte nicht allzu lange warten. Bessere Bedingungen lassen sich in einer anderen Lebensphase wahrscheinlich kaum mehr finden.

Die beste Zeit für ein Sabbatical ist dann, wenn Sie das Gefühl haben, eine bestimmte Lebens- oder Arbeitsphase abgeschlossen oder voll ausgeschöpft zu haben und in irgendeiner Weise Veränderung nötig wäre. Interessanterweise spielen sich diese Phasen meist in einem Siebenjahresrhythmus ab. Auch Personal- und Managementberater empfehlen die erste Auszeit nach fünf bis sieben Jahren Berufstätigkeit. Bis dahin hat sich der erste Frust und Verschleiß eingestellt. Man ist wiederum erfahren genug, um seine Position nach der Rückkehr halten zu können. Optimal ist eine Auszeit von fünf bis zehn Monaten. Wer deutlich länger als ein Jahr ausschert, könnte Probleme haben, sich danach wieder im alten Leben zurechtzufinden. Die Distanz und die innere Veränderung werden irgendwann zu groß.

Wenn Sie zu der privilegierten Schar der Arbeitnehmer zählen, die ihren Urlaub auf einem Langzeitkonto ansparen können, dann sollten Sie diese Möglichkeit auf jeden Fall nutzen. Unter solchen Bedingungen ist das Sabbatical dann quasi Teil Ihrer Berufstätigkeit. Sie müssen bei einer späteren Bewerbung also keinerlei Erklärungen parat haben, um eine zeitliche »Lücke« zu rechtfertigen.

Falls Sie vorhaben, in nächster Zeit zu kündigen, sollten Sie sich diese Chance erst recht nicht entgehen lassen: Wer weiß, ob der neue Arbeitgeber ebenfalls ein Langzeitkonto gewährt? (Mehr dazu ab Seite 34.)

Ein besonders günstiger Zeitpunkt für das Aussteigen auf Zeit ist ein Wechsel innerhalb des Unternehmens. Zum Beispiel die neue Stelle in Abteilung B wird zum Jahresende frei. Ein halbes Jahr vor diesem Zeitpunkt nehmen Sie ein sechsmonatiges Sabbatical. Der Kollege, der nach Ihrem Wechsel Ihre alte Stelle in Abteilung A bekommen soll, tritt dort bereits zur Jahresmitte an. So entsteht keine Lücke im Arbeitsablauf – ein deutlicher Vorteil für Ihre Vorgesetzten.

Aber auch eine berufliche Veränderung wie Kündigung oder Stellenwechsel sollte nicht ungenutzt bleiben: Zwischen der alten und der neuen Anstellung, läßt sich ein mehrmonatiges Sabbatical am ehesten unterbringen, ohne daß Sie darum mit einem der jeweiligen Arbeitgeber feilschen müssen. Mal angenommen, Sie verhandeln gerade um eine neue Stelle, die Sie in einigen Monaten antreten sollen. Warum versuchen Sie nicht, den Termin noch ein bißchen weiter hinauszuschieben und bitten Ihre jetzige Firma um einen Auflösungsvertrag für die letzten Wochen? Zusammen mit Ihrem Resturlaub kommen Sie dann vielleicht auf ein halbes Jahr Freizeit, das geradezu danach schreit, als Sabbatical genutzt zu werden. Eine bessere Vorbereitung für Ihren neuen Job ist kaum denkbar.

Oft ist auch eine weniger erfreuliche Veränderung im Privatleben der richtige Anlaß, mal alles für eine Weile hinter sich zu lassen. Wenn gewohnte Strukturen, in denen man jahrelang gelebt hat, plötzlich zusammenbrechen, tun sich schwarze Löcher auf. Manchmal aber auch ungeahnte Freiheiten. Vielleicht ist eine langjährige Beziehung gerade in die Brüche gegangen, Sie haben einen Todesfall in der Familie erlebt oder einen ähnlich schweren Schicksalsschlag hinter sich. Auch eine Krise kann ein wichtiger Wendepunkt im Leben sein. Dabei kann ein Sabbatical helfen, neue und alte Fragen und Probleme für sich zu klären, denn aus der Ferne lassen sich viele Dinge deutlicher sehen und besser verarbeiten. »Längst war ich nach meinem Studium in den Sog von Besitz und Erfolg geraten«, schrieb der ehemalige Zeit-Reporter Michael Holzach, nachdem er ein Jahr in einer deutschen Hutterer-Kolonie in Kanada verbrachte. »Persönliche Krisen, zum Beispiel Schwierigkeiten mit der Freundin oder ewig ungelöste Probleme mit der Mutter, verdrängte ich durch harte Arbeit und wurde meinem Vater von Jahr zu Jahr ähnlicher, der sich nach einer schwer erarbeiteten Karriere mit 65 Jahren schließlich das Leben nahm. Ich hatte Angst, so weiter zu leben wie bisher, ging zu meinem Chef und kündigte. Ich wollte einen Ausbruchversuch wagen in eine völlig fremde Welt.«

Lassen Sie sich bloß nicht einreden, Sie würden vor Schwierigkeiten davonlaufen. Es ist allein Ihr Leben – und das einzige, das Sie haben. Am besten hören Sie auf Ihre innere Stimme: Die sagt Ihnen meistens, wann es Zeit ist, zu gehen.

Am besten allein

Für viele macht ein Ausstieg auf Zeit überhaupt nur Sinn, wenn man in jeder Hinsicht unabhängig ist. »Die wichtigste Voraussetzung und der eigentliche Sinn des Ganzen heißt: allein zu reisen«, resümiert Bahram Moaiyeri. »Nur allein erreicht man das Gefühl, alles hinter sich gelassen zu haben.«

Der 43jährige Hamburger, heute als Unternehmer in der Hotelbranche erfolgreich, kündigte vor zwei Jahren seine Stelle als Prokurist einer Textilfirma, um fünf Monate durch Südamerika reisen zu können. Es gab Tage und Wochen, da war er der einzige Europäer unter Indios und Urwaldbewohnern. Nach einer Woche Bootsfahrt auf dem Amazonas weinten die Familien, zwischen denen er seine Hängematte aufgehängt hatte, beim Abschied. »Diese überwältigende Nähe und all die vielen Kontakte zu fremden Menschen hätte ich nie gefunden, wenn noch jemand anderes dabei gewesen wäre«, erinnert sich Bahram Moaiyeri. »Gegen zwei Leute schottet man sich eher ab, da sie eine Einheit bilden.«

Nicht selten wird aus der geplanten Einsamkeit des Sabbaticals eine Zweisamkeit. Wie bei Bea Hornef, die sich ein halbes Jahr vom öffentlichen Dienst beurlauben ließ, um Neuseeland zu erkunden. Zwei Jahre zuvor hatte sich ihr Freund von ihr getrennt. »Daran habe ich lange geknabbert. Da sich mein Traum von einer Familie erst mal zerschlagen hatte, wollte ich nun endlich meinen Aussteigertraum verwirklichen, wenn auch nur befristet«, sagt die Programmiererin aus Bonn. Nach drei Monaten am anderen Ende der Welt lernte sie bei einem Barbecue einen netten Neuseeländer kennen. Es sollte eigentlich nur ein Flirt werden – doch der hält schon über zwei Jahre. Denn nach Beas Abflug zog die Sehnsucht den »Kiwi« ein halbes Jahr später nach Deutschland. Jetzt leben, lieben und arbeiten beide in Bonn. Bea Hornefs Erfahrung ist kein Einzelfall: »Da man unterwegs auf jeden Fall viele neue Leute kennenlernt, ist die Wahrscheinlichkeit groß, daß jemand Interessantes darunter ist.«

Gemeinsam leben, alleine verreisen

Komplizierter wird es, wenn Sie große Lust auf ein längeres Sabbatical haben, aber privat gebunden sind. Da gibt es nur zwei Möglichkeiten: allein oder mit Anhang. Die erste Version ist die scheinbar einfachste. Nicht beide, sondern nur ein Lebensgefährte muß sich beurlauben lassen oder kündigen. Während dieser seine Monate in der Ferne genießt, bleibt der andere zu Hause, gießt die Blumen und verdient die Brötchen. Das Nest, in das der Aussteiger zurückkehren kann, ist somit gesichert – praktisch wie emotional. Klingt wunderbar, ist aber in Wirklichkeit leider nicht immer der Fall.

Prüfen Sie einmal ganz ehrlich, warum Sie weg wollen. Ist es wirklich nur der Streß im Job und der Traum, allein durch die Taiga zu wandern? Oder ist Ihnen die Zweisamkeit zu erstickend, zu abgestanden, zu problembeladen geworden? Tickt da irgendwo ganz weit hinten in Ihrem Herzen nicht auch der Wunsch, einfach mal eine Zeitlang ohne den anderen zu sein – mit oder ohne affärenträchtigen Hintergedanken? Dann sind Sie, abgesehen von Ihrer beruflichen Situation, erst recht reif für ein Sabbatical. Denn so oder so wird Ihnen die Entfernung vor Augen führen, wo Sie wirklich in dieser Beziehung stehen.

Machen Sie sich vorher beide darauf gefaßt, daß danach unter

Umständen nichts mehr so ist wie vorher – im Positiven wie Negativen. Vielleicht verlieben Sie sich unterwegs und erschrecken über diese nicht für möglich gehaltenen Gefühle. Vielleicht entdecken sie eine lange vergessenen Sehnsucht für den anderen und überreden ihn in einem sündhaft teuren Telefonat, einfach in den nächsten Flieger zu steigen und sich für zwei Wochen zu Ihnen zu gesellen. Vielleicht wollen Sie insgeheim schon lange die Trennung, haben aber den Mut bisher nicht aufgebracht und finden in der Zeit des Sabbaticals die nötige Kraft und Distanz.

Für eine etwas eingeschlafene, dahinplätschernde Lebensgemeinschaft ist ein längeres Sabbatical die reinste Frischzellenkur, während es einer Beziehung mit ernsthaften Problemen mit hoher Wahrscheinlichkeit den Todesstoß versetzt.

Die perfekte Verbindung zwischen Alleingang und Zweisamkeit scheint Sergio Maddalena gefunden zu haben. Der Personalentwickler beim Schweizer Konzern Migros scherte 1984 zum ersten Mal aus dem Job aus und unternahm eine viermonatige Hochzeitsreise mit Frau und Fahrrad von Kalifornien nach New York. 1988 wagte er den nächsten Ausstieg, jetzt mit Familienzuwachs. »Ich erkannte, daß meine Tochter nur einmal drei Jahre alt ist und die Welt zu entdecken beginnt. Sämtliche Lebensenergien fielen in der Zeit auf die Familie, was während meiner beruflichen Tätigkeit nicht möglich ist.« Eine Übernachtung in einem Vulkankrater auf einer afrikanischen Insel gehörte zu den schönsten Familienerlebnissen.

Im Anschluß an den dreimonatigen Familientrip gönnte sich Sergio Maddalena weitere vier Wochen allein, um mit dem Rennrad durch Arizona und Norwegen zu radeln und im Kopf Musik für seine Flamenco-Band zu komponieren. Die Nabelschnur zur Familie pulsierte trotzdem weiter: »Vor dem Schlafengehen erzählte ich meiner Tochter zu Hause immer eine Geschichte. Da das von Amerika aus zu teuer wurde, rief ich sie abends an und sagte ihr jedesmal, welche Geschichte sie sich am Abend im Bett selber ausdenken sollte.« 1992 ermöglichte sich der mittlerweile 42jährige schließlich sein drittes Sabbatical und radelte drei Wochen allein mit dem Fahrrad durchs amerikanische Death Valley.

»Absolute Flow-Zustände, unvergeßliche Entdeckungsmomente mit tiefsinnigen Fragen und die Rückschau auf das eigene Leben sind nur alleine möglich«, stellte er dabei fest. Sein Fernbleiben von der Familie war für seine Frau kein Problem: »Sie hat volles Verständnis für meine Ausbrüche und weiß, daß sie für mich und unsere Beziehung wichtig sind. Als Gegenleistung hat sie von meiner Seite aus sehr viel Unterstützung für ihre Beschäftigungen und Interessen.«

Auch wenn Sie in der glücklichen Lage sind, einen liebe- und verständnisvollen Partner zu haben, der Ihnen Ihr Sabbatical von Herzen gönnt und darin keinen Angriff auf die Beziehung sieht, müssen Sie damit rechnen, für Ihren Alleingang in die weite Welt von anderen keine große Begeisterung zu ernten. Daß Sie einfach für eine Weile ausscheren, wird Ihre Umwelt für höchst egoistisch bis moralisch anrüchig halten. Auch hier gilt wieder: Es ist Ihr Leben! Und wem Sie Rechenschaft schuldig sind, entscheiden Sie selber.

Im Doppelpack

Mit dem Gefährten des Herzens fremde Länder erkunden, in Hängematten schaukeln, in den Tag hinein leben und nur noch machen, was zu zweit am meisten Spaß bringt – die reinste Traumvorstellung und ein gewaltiges Abenteuer. Denn auch hier lauert, wie im Fall des daheim gebundenen Alleinreisenden, eine Chance wie eine Gefahr. Der »Sabbatical-Doppel-Whopper« ist nicht immer leicht verdaulich.

Schlummern zwischen Ihnen grundlegende Probleme oder liegen Ihre Vorstellungen von Reisen, Lebensstil und Verhalten in fremden Kulturen meilenweit auseinander, dann kommt das Unterschwellige schneller zutage, als Ihnen lieb ist und verwandelt ein als Friedens- und Ruhezeit geplantes Sabbatjahr in ein mobiles Psychodrama. Das gleiche gilt für beste Freunde oder Verwandte, die einen begleiten wollen. Testen Sie daher Ihre gemeinsame Sabbatical-Tauglichkeit lieber zuvor in einem Urlaub, bevor Sie sich eine der wichtigsten Phasen Ihres Lebens mit Auseinandersetzungen verderben.

Jutta Arndt, Krankenschwester in Rendsburg, unternahm ihren ersten Ausstieg zusammen mit einer guten Freundin. Die sechsmonatige Tour mit der Transsibirischen Eisenbahn durch Asien litt unter dem Liebeskummer, den die Freundin aufgrund des zu Hause zurückgelassenen Freundes hatte. »Das war ein ständiges Problem«, erinnert sich die 36jährige. »Ich hatte wohl zu wenig Verständnis für sie und es entstanden Spannungen. Wir hatten grundverschiedene Einstellungen. Außerdem konnten wir uns nur in Städten aufhalten, weil meine Freundin eine Spinnenphobie hat.« Zwischendurch dachten beide daran, die Reise abzubrechen. Aber sie ließen es. Denn: »Alleine zu reisen war nicht mein Ding. Ich muß meine Eindrücke teilen und abends jemanden damit vollreden können.« Drei Jahre nach der schwierigen Asientour verabschiedete sich Jutta Arndt nochmals für ein halbes Jahr aus dem Krankenhaus. Mit ihrem Lebensgefährten Michael reiste sie per Campingbus und Motorrad durch Australien und die USA. Diesmal erlebte sie pure Harmonie: »Wir haben uns wirklich jeden Tag verstanden, denn wir waren einfach ständig gut drauf. Wenn man etwas Toleranz übt und auch mal zurücksteckt, geht alles.«

Ein Ehepaar aus Norddeutschland, das mehrere Jahre zusammen reiste, wurde von anderen Travellern immer wieder erstaunt gefragt: »Was – und Ihr seid immer noch zusammen?!« Selbst wenn man zu Hause in schönster Zweisamkeit lebt, kann es damit bei einem Langzeiturlaub nämlich sehr schnell vorbei sein. Gerade, wenn man reist und sich keinen festen Ort aussucht, wird die ständige Anwesenheit der »besseren Hälfte« auf engem Raum oft zum Streß. Es gibt keinen Arbeitsplatz, zu dem man morgens aufbrechen kann, es gibt keine Wohnung mit mehreren Zimmern zum Zurückziehen und auch keine Freunde, mit denen der eine zum Squashen und der andere ein Bier trinken geht.

Die Lösung heißt in diesem Fall: Immer mal wieder Abstand voneinander halten. Sich für ein paar Tage trennen und an einem vereinbarten Ort wiedertreffen. Oder an einer Foto-Exkursion oder Trekkingtour teilnehmen, während der andere Zelt und Rucksack hütet.

Mit Hilfe solcher Maßnahmen zur Schadensbegrenzung läßt sich der Reiz des Sabbaticals doppelt intensiv erleben. Paare, die eine eingespielte Reisefähigkeit entwickelt haben, empfinden die gemeinsame Auszeit oft als die schönste und innigste Phase ihres Lebens. Und sie zehren auch noch lange danach von diesem Reise-Schatz, den man zu zweit gehoben hat. Nicht nur, weil man gemeinsame Erinnerungen teilt und der andere später versteht, warum man in bestimmten Momenten sentimentale Anflüge bekommt und sich schon wieder die Dia-Sammlung »Südostasien/Winter 97« anschauen will. Sondern auch, weil man sich in anderen Situationen als dem eingefahrenen Alltagstrott kennen und (wieder) lieben lernt.

Die brachliegenden, verborgenen Seiten in uns, die durch den Totalrückzug aus Beruf und Alltag aktiviert werden und die erstaunlichsten Blüten treiben, sind auch für den Partner eine Überraschung – und zwar eine schöne.

Das Fazit für den Ausstieg zu zweit heißt: Wer sechs Monate allein mit dem oder der Liebsten in einem engen Segelboot um die Welt geschippert ist, kann sich danach entweder nicht mehr ertragen und reicht beim ersten Landgang die Scheidung ein – oder liebt sich, bis das ewige Sabbatical im Himmel einen scheidet.

Kinder? Kein Problem!

Außer einer Mount-Everest-Besteigung gibt es nur wenige Dinge auf dieser Welt, die Sie nicht mit Kindern machen können. Ein Sabbatical gehört ganz sicher nicht dazu. Im Gegenteil: Es gibt wohl keine bessere Gelegenheit, um unendlich viel Zeit mit seinen Kindern verbringen zu können – gelassen, glücklich und entspannt. Selbst anstrengende Rucksackreisen am Ende der Welt sind mit Nachwuchs durchaus möglich. Meist werden sie dadurch sogar noch schöner.

Christine und Berthold Bittkowski aus Schleswig-Holstein reisten mit ihrer zweijährigen Tochter drei Jahre um den Globus. Ob auf den Fidschi-Inseln oder in Thailand, wo immer der Berufsschullehrer und die Krankenschwester auftauchten, war ihre blonde Tochter sofort der Mittelpunkt. »Wir hatten durch Lena sehr viel mehr Kontakte zu Einheimischen«, freut sich ihre Mutter im nachhinein. Nach längeren Reise-Etappen legten Bittkowskis immer wieder mehrwöchige »Ferien vom Reisen« ein, damit sich der Streß für Lena in Grenzen hielt. Wichtig sei auch, »daß sich die Eltern in schwierigen Situationen immer einig sind. Das vermittelt unterwegs die nötige Sicherheit.« Die Eutiner Familie war von ihrem Trip so begeistert – »Jeder Tag war wie Weihnachten.« –, daß sie drei Jahre später zur großen Südamerika-Tour aufbrach. Natürlich wieder zu dritt.

Auch als Alleinerziehende(r) läßt sich ein Ausstieg auf Zeit verwirklichen. Die Münchner Redakteurin Gabriela Herpell ging mit ihrem zweijährigen Sohn für ein Jahr nach Neuseeland. Während sie Pferde hütete und Reiseartikel schrieb, rannte Johnny über grüne Weiden, fütterte Lämmer mit der Flasche und sprach im Kindergarten bald besser Englisch als Deutsch. »Er hat nicht nur wunderschöne Natur erlebt«, sagt seine Mutter, »sondern durch die Umstellung auf andere Orte und Menschen eine Menge sozialer Kompetenz erworben.«

Daß selbst eine Geburt den Abstecher in die Ferne nicht verhindern muß, haben Björn Sass und Iris Thomsen aus Kiel bewiesen. Drei Monate vor der Niederkunft brachen sie nach San Diego auf. Björn lernte surfen, Iris spazierte mit Wehen den Strand entlang, und Matti kam gesund in einem alternativen Geburtshaus mit bester medizinischer Versorgung zur Welt. Zu dritt wohnten sie in einer Ein-Zimmer-Wohnung, fuhren ein klappriges altes Auto und stellten fest, wie unkompliziert das Leben sein kann. Als ihr Baby zwei Monate alt war, ging es zurück nach Deutschland. »Wenn wir nicht nach Kalifornien geflogen wären, wäre das wahrscheinlich grauenhaft gewesen«, meint Björn Sass. »So habe ich erlebt, daß Kind und Familie nicht automatisch ein langweiligeres Leben bedeuten.«

Je jünger ein Kind ist, um so besser für das Familienunternehmen »Sabbatical«. 11 Jahre sind in der Regel die Schmerzgrenze. Denn ein Teenager, dessen Leben sich hauptsächlich um die Freundesclique dreht, kann sich wenig dafür begeistern, monatelang 24 Stunden ohne Pause mit den »Oldies« zu verbringen. Womöglich hat er nach einem Ausstieg auf Zeit auch große Probleme, sich wieder in seinen alten Kreis einzuleben.

Wichtig ist, daß Sie Ihr Kind so früh und so detailliert wie möglich in Ihre Pläne mit einbeziehen. Dann fühlt es sich auch nicht überrumpelt und aus seiner Umgebung herausgerissen. Manchmal hilft schon eine große Landkarte an der Wand, auf der man die Reiseroute absteckt, oder Bilderbücher über das Sabbatical-Land. Wer kreativ genug ist, einen Ausstieg auf Zeit zu planen, dem sollte es auch dafür nicht an Phantasie mangeln.

Und was ist mit der Schule?

Schule und Sabbatical – schließt sich das nicht automatisch aus? Nein! Es gehört nur etwas mehr Phantasie dazu. Es gibt genug Beispiele verantwortungsvoller Eltern, die ihre Kinder im Schulalter mit ins Sabbat-Jahr genommen haben, ohne daß irgendein Beteiligter darunter gelitten hat. Je nach Einstellung der Schule und Talent Ihres Sprößlings könnte ein längerer Aussetzer jedoch eine Wiederholung des Schuljahres bedeuten. Genauer gesagt steigt Ihr Kind nach der Rückkehr dann dort wieder ein, wo es vorher aufgehört hat. Es ist völlig verkehrt, die Zeit dazwischen als »verlorenes Jahr« zu betrachten. In Wirklichkeit ist es ein »gewonnenes Jahr«. Genauso wie die Eltern wird auch ein Schulkind voll neuer Eindrücke und tiefer Erlebnisse wiederkehren. Solch einen Wissensstand kann ihm keine noch so perfekte Lehranstalt vermitteln.

Ob und wie lange ein Kind beurlaubt werden kann, muß nach einem Antrag beim jeweiligen Schul- oder Kultusministerium des Bundeslandes, in dem man wohnt, entschieden werden. Am einfachsten ist es, wenn man der Behörde einfach mitteilt, man beabsichtige, ein Jahr lang in einem anderen Land zu arbeiten (ein schriftliches Job-Angebot, z. B. von Verwandten vor Ort, schadet dabei sicher nicht). In solch einem Fall ist ein Kind nämlich automatisch aus der Schulpflicht entlassen und den Vorschriften im jeweiligen neuen Land unterstellt. Wenn Sie sich nun kurzfristig überlegen, statt des angekündigten Amerika-Aufenthaltes doch lieber um die Welt zu reisen (was einen regelmäßigen Schulbesuch natürlich ausschließt), könnten Sie ja vergessen, den Beamten diese schöne Idee mitzuteilen ... Anstrengende Fragen oder gar Hindernisse sind dann kein Thema mehr.

Entwarnung an alle ängstlichen Eltern: Nicht die Polizei, sondern die Schulleitung ist bei Verstößen gegen die Schulpflicht zuständig. Obwohl man gegen das Gesetz verstößt, wenn man sein Kind der Schulpflicht entzieht, werden Sie nicht verhaftet, weil Sie Ihrem Kind die Welt gezeigt haben. Da sich »alle Stellen am Wohl des Kindes orientieren«, so die Kultusministerkonferenz, wird von Zwangsmaßnahmen selbst bei groben Verstößen in aller Regel abgesehen.

Wichtig für den Staat und die Behörden ist, daß Ihr Kind während seiner Abwesenheit angemessen ausgebildet wird. Daher ist in jedem Fall eine Absprache mit den Klassenlehrern sinnvoll, besonders dann, wenn Ihr Kind nach dem Sabbatical mit möglichst wenig Problemen in seine alte Klasse zurück möchte.

Vielleicht beruhigt es das schlechte Gewissen, daß sich Schule und Sabbatical durchaus kombinieren lassen. Bitten Sie die Lehrer um Aufgaben und Schulbücher für die kommenden Monate oder wenden Sie sich an ein Fernlehrwerk (siehe unten). Ein Tisch und ein Stuhl finden sich schließlich überall und zur Not tut's auch der Schneidersitz. So hatte Lena Bittkowski aus Eutin von ihrer Lehrerin Schulbücher mitbekommen. Jede Woche hielt ihre Mutter ein paar Unterrichtsstunden mit ihr ab. Es war so viel Stoff, daß Lena nach ihrer Rückkehr problemlos den Sprung in die vierte Klasse schaffte. Die Qualifikation für den Deutschunterricht war ihr ausführliches, lebendiges Tagebuch, das sie auf der Tour zwischen Guatemala und Feuerland führte. »Wenn es ihr unterwegs im Bus langweilig wurde und sie zu quengeln begann«, schmunzelt Berthold Bittkowski, »dann brauchte ich nur vorzuschlagen: ›Rechenbuch Seite 112, Aufgabe 5‹ – sofort war wieder Ruhe!«

Wenden Sie sich an ein Fernlehrwerk, bei dem Sie Informationen und Material zum Selber-Lehren und Lernen bekommen können, zum Beispiel:

Institut für Lernsysteme
Doberaner Weg 20
22143 Hamburg
Tel.: 040/675 70-0
Fax: 040/675 70-184
e-Mail: anfragen@bertelsmann.de.

Aussteigerbericht I
Mit Legosteinen über den Atlantik

Steffen Weber und Silvia Rafail, beide Zahnärzte in Kiel, segelten 1992 für eineinhalb Jahre in die Karibik. Mit dabei war ihr Sohn Benjamin, damals vier Jahre alt. Der Vater erzählt über den Ausstieg zu dritt:

Eigentlich wollten wir ja drei Jahre weg und dann zu Benjamins Einschulung wiederkommen. Schon als Junge hatte ich von einer Weltumsegelung geträumt und viele einschlägige Bücher gelesen. Die Vorbereitungen für die Reise begannen bereits gut zwei Jahre vor dem Start mit der Suche nach einem geeigneten Schiff. Als zu guter Letzt auch noch die Wohnung untervermietet und eine Vertretung für die Praxis gefunden war, brachen wir mit drei Wochen Verspätung auf. Alle guten Freunde und die Familie waren am Steg, die gesamte Praxismannschaft fuhr noch mit raus auf den Nord-Ostsee-Kanal. Es war ein tränenreicher Abschied.

Endlich an Bord

Den schlimmsten Moment der ganzen Reise durchlebten wir in der Kieler Förde, nicht einmal eine Stunde nach dem Ablegen. Das Deck lag noch voll mit Plunder. Benjamin war in der Vorschiffskoje und wollte helfen. Völlig gedankenlos gab ich ihm eine viel zu schwere Drahtrolle in die Hand und sagte:»Leg' die bitte mal weg.« Er packte die Rolle und fiel mit ihr kopfüber aus der Koje – mit dem Schneidezahn genau auf eine Stahlkante. Den Mund konnte er nicht mehr zumachen, weil er sich einen Schneidezahn eingeschlagen hatte. Also mußten wir dem armen Kerlchen, das mittlerweile vor Schmerzen ohnmächtig geworden war, den Zahn wieder einrenken. Das war die unangenehmste Situation überhaupt – und das, obwohl genug Zahnärzte an Bord waren!

Das erste Vierteljahr verbrachten wir auf der Nordsee und hangelten uns mühsam am europäischen Festland entlang. Als wir in Lissabon ankamen, hatten wir die Nase eigentlich gestrichen voll. Der Atlantik war rauh, die Häfen waren meist langweilig. Außerdem hatten wir einfach noch nicht die Ruhe, irgendwo länger liegen zu bleiben. Benjamin hat das alles besser weggesteckt als meine Frau und ich. Wenn wir da als bescheidene Ostseesegler, die wir nun einmal waren, mit unserer Mischung aus Angst und Frust auf der Nordsee kreuzten, dann hat er meinen Kopf in seine kleinen Hände genommen und gesagt: »Papa, ist doch nicht so schlimm, es ist doch nur Wasser!«

Enttäuscht saßen wir also in Lissabon und dachten darüber nach, alles abzubrechen und vorzeitig zurück nach Kiel zu fliegen. Meine Eltern, die zu jener Zeit ebenfalls dort waren, rieten uns ab, und andere Segler mit Kind, die wir unterwegs trafen, meinten auch: »Wartet ab, das wird schon.« Außerdem ging es Benjamin bestens – das war mit der Hauptgrund, weiterzumachen. Danach wurde alles etwas entspannter. Statt drei Tage blieben wir nun 14 Tage in Lissabon. Und als wir drei Wochen später die Kanarischen Inseln erreichten, blieb uns genug Zeit, um mit Freunden von Zuhause, mit denen wir uns dort trafen, gemütlich durch die beeindruckende Landschaft dieser vielfältigen Inselwelt zu segeln.

Von den Kanaren ging es dann in einem Törn rüber in die Karibik. Wenn man sich heute die Videos von dieser Überfahrt anschaut, wird man schon im Sessel seekrank. Drei Wochen lang nur auf dem Wasser, das war neu. Und anfangs ziemlich beklemmend. Die ersten drei Tage sind wir fast vor Angst gestorben. Du weißt, es geht gegen Wind und Strömung einfach nicht mehr zurück. Das nächste Land ist zwar nur fünf Kilometer entfernt, aber es liegt senkrecht unter dir. Und bis zur nächsten Küste sind es 5000 Kilometer. Man sah ab und zu ein paar Schiffe, nachts blinkte es mal am Horizont. Zweimal am Tag quatschten wir uns mit anderen Seglern übers Funkgerät aus, aber ansonsten waren wir vollkommen allein.

Nachts konnte man kaum schlafen, denn man fiel vom Seegang dauernd aus der Koje. Weil man abwechselnd nachts Wache hielt, war tagsüber das Schlafdefizit sehr groß. Noch dazu das ewige Geschaukel verlangsamte den gesamten täglichen Ablauf. Was dann besonders anstrengend ist, wenn man ein Kind hat, das nachts durchschläft und tagsüber putzmunter ist.

Meine Eltern wollten ursprünglich Benjamin während der Atlantiküberquerung zu sich nehmen und ihn dann nachfliegen lassen, weil das sicherer sei. Zum Glück haben wir nicht auf sie gehört. Denn er fand die Atlantiküberquerung toll – es war mit das Schönste, was wir zusammen erlebt haben. Wir hatten sein halbes Spielzimmer dabei, bastelten, malten und verbrachten Stunden damit, draußen in der Sonne seiner Lieblingsbeschäftigung nachzugehen: vorlesen. Das Vorschiff war zugepflastert mit Legosteinen. Manchmal hat Benjamin aber auch nur ganz lange an Deck gesessen und sich die fliegenden Fische angeguckt. Es war eine unglaublich harmonische Zeit.

Zur Adventszeit gab es natürlich einen Adventskalender an Bord, und am Morgen des 6. Dezember meinte Benjamin: »Ich habe es heute nacht rumpeln hören, ich glaube, der Nikolaus war bei uns an Deck!« Leuchtende Kinderaugen, als dann auch noch der Gummistiefel voll war!

Land in Sicht

Am 22. Dezember hatten wir den Atlantik überquert und steuerten Barbados an. Windstärke 8, steile See, miserable Sicht und eine Küste, vor der es nur so von Korallenriffen wimmelt. Nach drei Wochen auf See wird man nervös, wenn das Land nicht da auftaucht, wo man es eigentlich erwartet. Aber dann hob sich die flache Insel doch aus dem Dunst heraus, und fast im selben Augenblick tauchte plötzlich eine Schule von Delphinen auf, die eineinhalb Stunden lang ihren Zirkus rund ums Schiff aufführten und uns begleiteten. Welch ein Empfang!

Als wir an Land ankamen, waren die meisten unserer Freunde, die wir erst wenige Wochen zuvor auf dem gemeinsamen Weg zu den Kanaren kennengelernt hatten, mit ihren Booten auch schon da. Eine völlig neue Erfahrung angesichts der eher anonymen, unnahbaren und oft unangenehmen Seglerwelt, wie wir sie von der

Ostsee her kennen. Das war schon fast eine eingeschworene Gemeinschaft, wie eine große Familie, die man unterwegs immer wieder traf. Und viele waren mit Kindern in Benjamins Alter unterwegs. Wenn man merkte, die Kinder können miteinander, dann war jeder so frei in seiner Route, daß man sagte:»Komm, jetzt segeln wir ein Stück zusammen.« So entstand nicht das Gefühl wie sonst im Urlaub, daß man erst zu Hause seine Freunde wiedersieht.

Das war für unseren Sohn natürlich toll. Zum einen hatte er beide Eltern 24 Stunden für sich, aber es war auch immer jemand zum Spielen da. Besonders in der Karibik war das nachher der reinste Kindergarten. Es gab immer zwei Kategorien von Kindern auf den Schiffen: Zum einen die etwas schüchternen, die immer lange brauchten, um warm zu werden, und es daher schwer hatten, weil die Boote oftmals nur für ein paar Tage im Hafen zusammenlagen. Zum anderen diejenigen, die immer schnell Kontakt bekamen, zu denen Benjamin zum Glück gehörte. Wenn kein Kind auf einem Schiff dabei war, dann schnappte er sich halt eines an Land; da spielte weder Sprache noch Hautfarbe eine Rolle. Das Spielzeug bestand meist aus Muscheln und Kokosnüssen, und dann wurde natürlich viel getaucht und geschnorchelt.

Mit vier Jahren konnte Benjamin schon schwimmen wie ein Fisch im Wasser. Zuerst hatte er noch Schwimmflügelchen an, aber nach kurzer Zeit brauchte er sie schon nicht mehr. Die Faszination der Unterwasserwelt hatte mitgeholfen. Er hatte es nicht einmal bemerkt, als ich ihm mit dem zweiten Schwimmflügel den vermeintlichen letzten Halt im Wasser abgenommen hatte. Und damit war das Thema »Über Bord fallen vor Anker« Gott sei Dank erledigt. Das war mit das Schönste an unserer Reise, ihn so glücklich im Wasser zu sehen. Er sprach oft in seinen Schnorchel hinein, wenn wir nebeneinander herschwammen, und erzählte, was er so sah: Tausende von Fischchen und Korallen im glasklaren, warmen Wasser, das ganze Viehzeug, was man sonst nie im Leben sieht. Das war ein kleiner Traum. Auch die Tatsache, daß er eigentlich alles mitgemacht hat, war erfreulich. Inseln angucken und von morgens bis abends in einem Bus oder Taxi sitzen, ist für Kinder ja nicht unbedingt spaßig. Aber es gab dann immer irgendwo warme Quellen oder einen Wasserfall zum Baden.

Auch die Feste wurden gefeiert, aber anders als zu Hause. Kindergeburtstage waren Stegfeste. Schokoladenessen mit Gabel, Messer, Mütze und Handschuhen bei 30 °C – da schmolz natürlich die Schokolade weg, längst bevor sie freigelegt war. Die Kinder haben sich amüsiert wie Bolle. Und an Heiligabend ist Silvia mit Benjamin irgendwo an Land gegangen, und ich habe inzwischen das Schiff unter Deck weihnachtlich dekoriert.

Nach Weihnachten trieben wir uns noch ein Dreivierteljahr in der Karibik herum. Das Schiff wurde zum Zuhause, auf das man sich zurückzog, wenn einem der Trubel an Land zuviel wurde. Es war sehr angenehm, daß es dort abends sehr früh dunkel wird. Ab zehn Uhr lag jeder in der Koje, und um sieben Uhr sprang man ausgeschlafen ins Wasser. Spätestens um elf gingen auch an Land überall die Lichter aus – und das im Land der Steelbands und des Reggaes.

Manche Tage waren aber auch stressig: Man macht den Wasserhahn auf und alles ist grün, weil dir jemand irgendwelche Bakterien aus seinem Karibikwasser mit eingeflößt hat – und das nächste frische Wasser ist drei Tage entfernt. Oder die Vorräte sind zu Ende und du weißt noch nicht, wo du wieder welche kriegst. Diesel holen, Wäsche waschen, Gasflaschen auffüllen – sowas kann jeweils einen ganzen Tag dauern.

Sehnsucht nach Pui Yi?

Die wohl bitterste Pille mußten wir jedoch noch während der Atlantiküberquerung schlucken, als wir erfuhren, daß wir bereits zum 1. Oktober 1993 zurück in die eigene Praxis mußten. Wir kürzten die gesamte Reise um die Hälfte, denn unsere Existenz in Kiel wollten wir nicht riskieren. Obwohl Ende Mai in der Karibik die Hurricane-Saison beginnt, sind wir noch bis zum Herbst geblieben. Es war eine traumhaft schöne Zeit. Und doch muß sie auch anstrengend gewesen sein. Denn als wir die Karibik dann hinter uns hatten und das Schiff in Trinidad aus dem Wasser holten, habe ich fünf Tage geschlafen. Wahrscheinlich fiel das ganze Verantwortungsbewußtsein, das einen auch nachts auf einem Schiff nur leicht schlafen läßt, von mir ab.

Wir wurden natürlich oft gefragt: »Wie kann man mit so einem kleinen Kind nur auf so eine Reise gehen?« Dabei ist Autofahren viel gefährlicher als Segeln, nur macht sich da niemand Gedanken drüber, weil es uns nicht mehr fremd ist, so wie vielen Menschen das Meer. Die Gefahr, daß mir auf der Straße jemand frontal reinfährt, ist größer, als daß uns ein Tanker umfährt.

Als wir zurück nach Kiel kamen, wurde Benjamin wieder von seinem alten Kindergarten aufgenommen. Es war, als wäre er nie weg gewesen. Alles spielte sich ganz normal ab. Und trotzdem ist etwas geblieben. Nicht nur bei uns, sondern vor allem auch bei ihm: die Sehnsucht nach dem Segeln. Es kam vor, daß er uns in diesen Tagen, als unser Boot noch alleine in der Karibik lag, fragte: »Wann fahren wir zurück zu Pui Yi?« (so heißt das Schiff). Und auch heute, fünf Jahre später, ist es noch so, daß er am liebsten wieder in die Karibik fahren würde. Die Reise hängt noch immer wie ein großer Sonnenschein über seinem fröhlich-kleinen Kinderleben.

Neue Wege im Job
Das Sabbatical beruflich nutzen

Sag Kamerad Sonne
meinst nicht auch du
man sollte sich verdammt bedenken
einen solchen Tag
dem Chef zu schenken?

Jacques Prévert, »Die verlorene Zeit«

Katalysator statt Karriereknick

»Wenn du zurückkommst, will dich kein Mensch mehr, dann bist du als Faulenzer und Rumhänger abgestempelt.« Mit solchen Sprüchen wurde Eric Ewald gewarnt und genervt, als er mit Ende 20 seine Arbeit als Projektmanager beim Sprachschulkonzern Berlitz International kündigte, um elf Monate um die Welt zu reisen – eine typische Reaktion. Denn kaum eine Angst ist so groß wie die, durch einen Ausstieg auf Zeit beruflich aus der Bahn geworfen zu werden. Es muß noch nicht mal mehr die Vorstellung von drohender Arbeitslosigkeit oder Sozialhilfe sein. Es reicht schon die Befürchtung, daß man in seinem beruflichen Umfeld einen schlechten Eindruck hinterläßt, nicht befördert wird und sein Ansehen bei Vorgesetzten und Kollegen verliert. Doch eine Karriere-Laufbahn muß durch ein Sabbatical noch lange nicht behindert werden. Im Gegenteil: Ein geschickt plaziertes, sinnvoll erlebtes und hinterher klug genutztes Sabbatical kann sogar wie ein Katalysator auf die berufliche Weiterentwicklung wirken.

Eric Ewald zum Beispiel ist heute ein erfolgreicher Headhunter für die Telekommunikationsbranche – nicht gerade das, was man einen Abstieg nennt. Zum einen war er nach der langen Auszeit wieder »richtig karrieregeil: Meinen Traum hatte ich mir erfüllt, aber beruflich war noch einiges offen.« Zum anderen profitierte Ewald davon, daß er in den Monaten unterwegs gelernt hat, ständig zu kommunizieren und neue Menschen kennenzulernen: »Heute treffe ich in meinen Job fast so viele Leute wie damals auf der Reise.«

Auch unter prominenten Männern und Frauen gibt es etliche, denen ein Ausstieg auf Zeit in keiner Weise geschadet hat. Zum Beispiel Janwillem van de Wetering, der eineinhalb Jahre in einem japanischen Zen-Kloster meditierte und später als Kriminalschriftsteller berühmt wurde. Oder Claus Larass, heute im Vorstand des Springer-Konzerns, der das Jahr 1979 lesend und nachdenkend in der Toskana verbummelte, bevor er später Chefredakteur der Bild-Zeitung wurde. Vier Monate lang regenerierte sich der Fernsehjournalist Heinrich Breloer 1997 nach Abschluß seines RAF-Films *Todesspiel* auf Mallorca. Bestseller-Autorin Ute Ehrhardt zog sich nach dem Erfolg ihres Buches »Gute Mädchen kommen in den Himmel, böse überall hin« mit ihrer Familie für ein Jahr nach Australien zurück. Schauspieler Rowan Atkinson, auch bekannt als »Mr. Bean«, stieg das gesamte Jahr 1998 aus dem Filmgeschäft aus. Sänger Eros Ramazotti verkündete bei seiner Hochzeit, daß er sich eine einjährige Pause vom Musikgeschäft gönnen werde. Bill Waterson, Erfinder der »Calvin and Hobbes«-Figuren, legte vor mehreren Jahren ein Sabbatical ein und ist heute einer der erfolgreichsten Comic-Zeichner der Welt. Genauso Anna Quindlen, Kolumnistin der New York Times: Sie gewann nach ihrem Ausstieg auf Zeit den angesehenen Pulitzer-Preis und ist nebenbei Bestseller-Autorin.

Auch Lamar Alexander, ehemaliger Gouverneur von Tennessee, zog sich für ein halbes Jahr aus der Politik zurück – und erlebte es als kreativste Periode seines Lebens: »Als Gouverneur produzierte ich so viel Output. Ich gab den Leuten ständig Anweisungen und steuerte Informationen, Wissen und Einstellungen, die ich mir vor langer Zeit angeeignet hatte. Und dann, in den sechs Monaten, die ich weg war, war da wieder Input. Ich hörte zu. Ich saß herum, statt herumzurennen. Ich lud mich wieder auf. Ich lernte.«

Wer aussteigt auf Zeit ist weder ein Versager, noch läuft er vor Problemen davon. »Wenn Sie Ihren Beruf lieben, dann hilft Ihnen ein Sabbatical, Ihren Job noch besser zu machen und erst recht zu genießen«, sagt Hope Dlugozima, Autorin des amerikanischen Ratgebers »Six Months Off« (Sechs Monate weg). Ganz gleich ob beruflich oder privat: »Sie geben nicht auf, sondern gewinnen nur dazu.« Die Gründe für das berufliche Plus liegen auf der Hand: Wer ein Sabbatical erlebt hat, ist danach in der Regel für lange Zeit voll neuer Energie und Motivation – ein Effekt, der sich nach einem normalen Drei-Wochen-Urlaub noch lange nicht einstellt. »Auszeiten sind schöpferische Phasen«, hat der Wattenscheider Unternehmensberater und Wirtschaftspsychologe Hagen Seibt festgestellt. »Meistens haben die Aussteiger ihren Horizont erweitert und kommen voller neuer kreativer Ideen in ihr Unternehmen zurück.«

Das berühmt-berüchtigte Burn-out-Syndrom, das übereifrige Senkrechtstarter nach zehn bis fünfzehn Jahren Streß zum Kollabieren bringt, läßt sich damit verhindern, nicht nur verschieben. Auch wenn Sie durch Ihren sechsmonatigen Segeltörn vielleicht den nächsten Platz im Job-Karussell verpassen, können Sie sicher sein, daß Ihr Ausstieg auf Zeit eine Langzeitinvestition ist, die sich lohnt. Denn Sie haben im Gegensatz zu den meisten Ihrer Kollegen erlebt, daß es ein Leben jenseits von Büro, Feierabend und langem Samstag gibt. Damit werden Sie weniger schnell betriebsblind und bekommen eine Gelassenheit und Ausgewogenheit, mit der Sie auch schwierige Phasen bei der Arbeit in Zukunft besser meistern können.

Ein weiteres, nicht zu unterschätzendes Plus ist die Signalwirkung, die Sie durch ein Sabbatical geben. Mut und Selbstbewußtsein attestiert der Personalberater Erich Schneider von Schneider + März den Job-Unterbrechern: »Man zeigt damit: ›Ich bin top und komme jederzeit wieder rein.‹« Natürlich spielt dabei sowohl Ihre Position wie Ihre Branche eine Rolle. Je moderner und unkonventioneller ein Unternehmen, desto mehr ist es von Ihrem Ausstieg angetan. Ein Manager in der Plattenindustrie gilt nach fünf Monaten Sanddünen-Surfen in Marokko keineswegs als Paradiesvogel, ein Chemiker bei Hoechst vielleicht schon.

Wenn Sie Ihr Sabbatical im Sinne einer Weiterbildung nutzen, können Sie damit aber auch bei konservativen Personalchefs gut abschneiden. Wer die Rucksackreise durch Südamerika als Spanisch-Intensivkurs »verkauft«, hat damit sogar womöglich bessere Chancen auf eine Stelle, die erstklassige Fremdsprachenkenntnisse voraussetzt. Headhunter Eric Ewald erweiterte während seiner Weltreise sogar seine Kenntnisse in Buchhaltung: Als Gegenleistung für eine Massage-Behandlung brachte er einem Arzt in Neuseeland die Abrechnungen auf dem Computer in Ordnung.

Interessanterweise hat keiner der vielen Aussteiger auf Zeit, die für dieses Handbuch interviewt wurden, berufliche Nachteile erlitten. Selbst dann nicht, wenn das Risiko Arbeitslosigkeit einkalkuliert wurde. So zum Beispiel Dr. Johann Neumeier aus Bayern: Als der Mediziner für zwei Jahre mit seiner Familie als Entwicklungshelfer nach Namibia gehen wollte, kündigte er seine Stelle in einer Klinik bei Füssen. Zufälligerweise war der Facharzt-Posten bei seiner Rückkehr gerade wieder frei – trotz Ärzteschwemme und Stellenabbau.

Ob Lehrer, die als Dauerfaulenzer verschrien sind, Journalisten und Krankenschwestern, die ohne Aussicht auf eine neue Stelle gekündigt hatten, oder Jungunternehmer, die sogar die komplette Firma verkauften, um den Luxus der totalen Unabhängigkeit zu genießen: Jeder von ihnen hat nach kürzester Zeit wieder in seinem Beruf Fuß gefaßt – manchmal sogar besser als vorher.

»Der normale Arbeitnehmer in seinen festen Strukturen ist auf dem absteigenden Ast: Man bleibt nicht mehr ewig auf einem Arbeitsplatz hocken. Durch den Wechsel zwischen zwei Stellen entsteht nicht mehr das gefürchtete Loch, sondern in der Zeit passiert sehr viel. In Bewerbungen tauchen daher auch immer exotischere Aktivitäten wie ›Mitarbeit bei einem Radioprojekt in Palästina‹ auf, die nichts mit dem Beruf zu tun haben. Daraus kann man meist mehr ablesen als aus Zeugnissen. ›Zähne zusammenbeißen und durch‹ ist als Arbeitsmoral nicht mehr angesagt. Lieber beweist man bei sinnvollen Projekten wie Greenpeace, daß man Durchhaltevermögen hat. Daß man in einer Sackgasse steckt, weil man den Büroalltag nicht erträgt, ist daher nicht mehr zeitgemäß.«

Johannes Goebel, Trendforscher und Begründer der Agentur NewSign in Berlin

Eine Chance für die Chefs

Vielleicht empfinden Sie es als Geschenk, aber für Ihre Firma ist es kein wirkliches Opfer, Ihnen ein Sabbatical zu gönnen. Im Gegenteil! Immer mehr Arbeitgeber erkennen, daß darin auch für sie eine Chance steckt. »Smart ist nicht, wer lange arbeitet, sondern wer effektiv arbeitet«, mußte die Wirtschaftswoche kürzlich feststellen. Eine Zeitgeiststudie über das »Leiden an der Schnelligkeit« prophezeit: »Die Slobbies kommen.« Slobbies sind »slower but better working people«. Was genauso für diejenigen gilt, die lieber weniger, aber dafür besser arbeiten.

»Eine längere Unterbrechung der Erwerbsphase wirkt positiv auf die Motivation und Leistungsfähigkeit der Mitarbeiter. Im Extremfall kann ein Sabbatical auch verhindern, daß ein guter Mitarbeiter sein Arbeitsverhältnis vollständig beendet«, haben. Prof. Dr. Peter-J. Jost und Dipl.-Volkswirt Tobias Höreth von der Wissenschaftlichen Hochschule für Unternehmensführung in Vollendar festgestellt. Weniger betriebswirtschaftlich ausgedrückt heißt das: Wer Sie in die Ferne ziehen läßt, kann länger mit Ihrer Loyalität rechnen. Und er profitiert davon, daß Sie ausgeruht und mit neuen Ideen in Ihr altes Umfeld zurückkehren.

»Dank Sabbaticals bin ich acht Jahre länger als geplant in der Unternehmenszentrale geblieben«, bestätigt Sergio Maddalena, Personalentwickler und Ausbildungstrainer für den Schweizer Konzern Migros, der sich bereits dreimal in den Langzeiturlaub verabschiedet hat. An jedes Sabbatical knüpfte er das Versprechen, in den Jahren danach garantiert nicht zu kündigen und zusätzliche Führungsaufgaben zu übernehmen. Nach der Rückkehr an den Arbeitsplatz war er jedesmal »geladen wie ein Sportler, der ein halbes Jahr keinen Wettkampf hatte. Ich brauchte dringend berufliche Erfolge und soziale Akzeptanz und wollte den vermeintlichen Rückstand gegenüber meinen Kollegen wettmachen.«

Und Andrea Asare, die sich von der Berliner Softwarefirma Condat freistellen ließ, um ein halbes Jahr in der Heimat ihres afrikanischen Ehemannes zu leben, betont: »Eine Firma, die mir so eine Chance ermöglicht hat, kann sich blind auf mich verlassen. Ich bin motivierter denn je.« Dies sind gute Beispiele dafür, daß man seinem Arbeitgeber nichts wegnimmt, indem man pausiert. Aber man bringt in der Regel vorher eine Menge ein und danach eine Menge mit. Ein Chef, der Nein sagt zu solchen innovativen und individuellen Lösungen, der schießt ein Eigentor.

Daß ausgerechnet ein Konzern wie McDonald's, Inbegriff des kapitalistischen Kommerzes, seinen 47 000 Mitarbeitern Sabbaticals ermöglicht, beweist, daß auch stark profitorientierte Unternehmen an längeren Abwesenheiten ihrer Leute nicht zugrunde gehen. »Bei uns ist das ein Programm zur Mitarbeitermotivation und um dem Unternehmen lange treu verbunden zu bleiben«, erklärt McDonald's-Sprecher Matthias Baumgarten. »Ab der 8. Woche Urlaub freuen sich die meisten wieder richtig auf den Job und gehen danach mit anderem Elan und neuen Ideen an die Arbeit.« Fälle, in denen jemand aus seinem Langzeiturlaub nicht wiederkam und lieber für immer ausstieg, seien ihm nicht bekannt.

Auch wenn es paradox klingt: Jeder, der in seiner Firma um eine längere Freistellung bittet, tut ihr damit etwas Gutes. »Wer sich ein Sabbatical nimmt, ist ein mündiger, emanzipierter Typ«, behauptet der Management-Berater Dr. Rolf T. Stiefel aus St. Gallen. »Über so jemanden sollte jedes fortschrittliche Unternehmen froh sein.« Das trifft zum Beispiel für eine Finanz-Consulting-Firma zu, die ihren langjährigen Mitarbeitern bezahlte Sabbaticals gewährt, weil sie erkannt hat: »Das Fundament unserer Firma ist geistiges Kapital – also konzentrieren wir uns darauf, dieses Potential wach, lebendig und am Wachsen zu erhalten.«

Gerade in Bereichen, in denen qualifizierte Leute schwer zu finden oder zu halten sind, ist die Möglichkeit eines Sabbaticals womöglich ein Plus, das einen Bewerber reizt. Denn wer Sabbatical-freundlich ist, gewinnt an Image. Dr. Stiefel: »Es vermittelt nach außen eine attraktive Arbeitskultur: In dieser Firma sind individuelle Bedürfnisse wichtig.«

Ein weiterer Vorteil für Ihre Firma könnte darin bestehen, daß Sie Ihr Sabbatical in eine Zeit legen, in der Produktionsflaute oder Nebensaison herrscht. Das gilt für einen Gastronomie-Betrieb genauso wie für eine Fernsehproduktion. Unter Umständen ist Ihr Chef sogar froh, daß er Sie in der »toten« Zeit vorübergehend los ist – er spart dadurch nämlich eine Menge Kosten.

Falls man in Ihrer Abwesenheit jedoch eine Vertretung einsetzen muß, hat auch das seine positiven Seiten: »Gute Arbeitgeber und

Vorgesetzte haben mittlerweile gelernt, daß diejenigen Mitarbeiter die wertvollsten sind, die sich ersetzlich machen – ganz anders, als ein verbreiteter Instinkt besagt«, hat der Teilzeit-Berater Dr. Andreas Hoff festgestellt. Nicht nur auf Ihre eigenen grauen Zellen, sondern auch auf die innerbetriebliche Dynamik am Arbeitsplatz kann Ihr Ausstieg auf Zeit wie eine Frischzellenkur wirken. Oder, wie es Hoffs Kollege Jan Kutscher formuliert:»Sabbatical-Modelle bringen eine produktive Ungemütlichkeit in einen Betrieb, denn sie regen an, permanent nachzudenken.«

Sabbatical als Management-Training

Seit einigen Jahren ist es in den Chefetagen großer Unternehmen üblich, gestandene Führungskräfte um die 50 für einige Wochen an eine teure Business-School zu schicken. Dort sollen sie für die End-runde im Job den letzten Schliff erwerben. Management-Berater Dr. Rolf T. Stiefel hält diese Fortbildungsmaßnahme für überholt. Sinn-voller sei für diese Klientel, die»sehr schnell im roten Bereich arbei-tet«, eine bewußte Auszeit zur mentalen Erneuerung – natürlich bezahlt. Das bringe dem einzelnen und damit seinem Unternehmen mehr als ein knallharter Kurs, der nur weitere Theorie vermittelt, aber keine Reflexion und Beschäftigung mit sich selber zuläßt. Also lieber einen Schritt zurücktreten anstatt»lauter schicke neue Kon-zepte«. Besonders vor einem Wechsel in eine neue Position oder Abteilung sei das Sabbatical eine»seriöse Entwicklungsmöglich-keit«, um die kommenden zehn Jahre zu überdenken. Dr. Stiefel, der für seine Kandidaten maßgeschneiderte Sabbaticals entwirft, ist vom Resultat begeistert:»Die Leute kommen zum Beispiel von einer sechsmonatigen Tour im Campingbus durch Kanada mit so viel Ver-änderungsenergie zurück, daß sie Berge versetzen könnten.«
Rund drei Prozent der deutschen Firmen, so schätzt die Berliner Arbeitszeitberatung Dr. Hoff, Weidinger und Partner, haben für ihre Mitarbeiter vertragliche Möglichkeiten für einen Langzeiturlaub geschaffen – Tendenz steigend. Daß immer mehr Unternehmen das Sabbatical als Chance für sich und ihre Mitarbeiter entdecken, hat auch die Wirtschaftswoche erkannt. Die Gründe:»Durch die Auszei-

ten können sie flexibler auf Nachfrageschwankungen reagieren. Die Kapazitätsplanung wird flexibler, Mehrarbeit kostengünstiger.« Besonders experimentierfreudig ist dabei die Computerbranche. Aber auch in Unternehmen, die Sabbaticals nicht als Teil ihrer Sozialleistungen in der Firmenpolitik verankert haben oder nach dem »Cafeteria-Prinzip« anbieten, wächst die Bereitschaft, sich mit dem Thema auseinanderzusetzen – ähnlich wie damals bei der gleitenden Arbeitszeit, die anfangs als undurchführbar verschrien war, aber heute längst Realität ist. Ein Grund dafür ist die leider noch zu geringe, aber immerhin zunehmende Anzahl von Frauen in qualifizierten Positionen: Wenn sie – oder ihre Männer – Erziehungsurlaub beantragen, muß sich der Arbeitgeber ebenfalls auf längere Abwesenheiten einstellen. Das macht flexibel und lehrt, daß sich die Verwirklichung privater Interessen und eine anspruchsvolle Tätigkeit nicht ausschließen, sondern sinnvoll ergänzen lassen. So haben zum Beispiel die Hamburger Electricitäts-Werke 1996 eine Betriebsvereinbarung geschlossen, die den Angestellten ein- bis fünfjährige Auszeiten ermöglichen. Die Kölner Gas-, Elektrizitäts- und Wasserwerke zogen ein Jahr später nach: Dort sollen langfristig bis zu 15 % der Belegschaft Arbeitszeit ansparen. Und allein beim Autokonzern BMW haben seit 1994 rund 850 Mitarbeiter ein Sabbatical in Anspruch genommen.

Bezahlten Langzeiturlaub gibt es gewöhnlich in drei Varianten: Freistellung aufgrund von Urlaubsansprüchen, die stehengelassen werden; aufgrund von Überstunden, die durch Freizeit ausgeglichen werden und aufgrund von Gehaltsverzicht.

Die Vertragsarbeitszeit wird beispielsweise von 35 auf 30 Wochenstunden reduziert, Lohn und Gehalt entsprechend ebenso. Gearbeitet wird aber nach wie vor volle 35 Stunden. Die Differenz fließt auf ein Langzeitkonto. Einige Beispiele:

McDonald's, München

Weltweit gilt: Wer mindestens zehn Jahre sozialversicherungspflichtig beim »Buletten-King« gearbeitet hat, bekommt zwischen dem 11. und 15. Beschäftigungsjahr (in der zweiten Runde zwischen dem 21. und 25.) zehn Wochen bezahlten Erholungsurlaub, davon mindestens acht Wochen am Stück. Sabbatical-Aktivitäten, die dem

Konzern nützen – z. B. ein Sprach- oder Computerkurs – werden mit bis zu 3000 Mark bezuschußt.

Hewlett-Packard, Böblingen

Das »Lebensarbeitszeit-Modell« des Computerkonzerns bedeutet: Wöchentlich 40 statt der tariflichen 38 Stunden arbeiten. Die dadurch entstandenen 12 Tage pro Jahr plus 30 Tage Jahresurlaub können auf einem Langzeit-Urlaubskonto gesammelt und auch noch Jahre später am Stück genommen werden.

Siemens, München

Eine Auszeit ist nur per befristetem Teilzeit-Vertrag möglich. Nach frühestens sechs Monaten hat man entsprechend der vorher vereinbarten Laufzeit von ein, zwei oder drei Jahren entsprechend ein bis sechs Monate frei – mit einer Verringerung des Brutto-Gehalts auf mindestens 83,3 %. Nach Vertragsende kann man wieder wie gehabt in die Vollzeit wechseln.

Du Pont, Bad Homburg

Angestellte im außertariflichen Bereich können Urlaub, der nicht bis zum 31. März des Folgejahres angetreten wurde, auf ein Langzeitkonto fließen lassen. Dieser Urlaub kann später zusätzlich mit bis zu sechs Monaten unbezahlter Freistellung genommen werden – aber nur für familiäre Aufgaben wie Pflege eines Angehörigen oder Kindererziehung. Für alle anderen Mitarbeiter im Chemie-Werk gilt: Urlaub bis zu drei Monaten nach individueller Gruppenabsprache und nur in der Produktions-Nebensaison. Die Auszeit muß anschließend nachgearbeitet werden.

Das Langzeitkonto – eine sichere Bank?

Je nachdem, ob das Konto in Geld- oder Zeitguthaben geführt wird, muß die Auszahlung entsprechend geregelt sein: Was ist die angesparte Arbeitsstunde wert, wenn sich mein Gehalt erhöht (oder vermindert – zum Beispiel durch längere Wochenarbeitszeit)? Gibt es eine Verzinsung meines Guthabens, wenn in Geld angespart wird?

Durch das neue Gesetz zur Flexibilisierung der Arbeitszeit steht seit dem 1. 1. 98 fest: Wenn Sie ein Guthaben auf Ihrem Langzeitkonto haben, aber die Firma wechseln, wird Ihnen der Gegenwert ausgezahlt. Das gleiche gilt bei einer Kündigung. Sollten Sie während des Sabbaticals krank werden, dann unterbricht eine Krankschreibung den Langzeiturlaub und die Urlaubszeit verlängert sich entsprechend. Für den Fall, daß Ihr Unternehmen zum Beispiel durch einen Konkurs zahlungsunfähig wird, sind Sie ebenfalls abgesichert. Die Firma muß in einem Fond entsprechende Rücklagen bilden.

Lehrer & Konsorten

Lehrerarbeitslosigkeit und Schülerschwemme sei Dank: Ausgerechnet deutsche Beamte sind zu Vorreitern eines geregelten Sabbatjahres geworden. Berlin bietet es schon seit 1987 an, wo bereits tausende Staatsdiener von dem Angebot Gebrauch gemacht haben. Generell gilt laut Beamtenrechts-Rahmengesetz: Beamte, die bei den Ländern und Kommunen angestellt sind, können sich bis zu sechs Jahre unbezahlt beurlauben lassen, wenn »dienstliche Belange nicht dagegenstehen«. Während dieser Zeit ruhen alle Versorgungsleistungen. Das Rückkehrrecht garantiert eine Wiedereinstellung mit gleicher Bezahlung beim selben Arbeitgeber, aber nicht am alten Arbeitsplatz.

Bundesbeamte, Angestellte und Arbeiter im öffentlichen Dienst können einen sogenannten Sonderurlaub nur dann nehmen, wenn ein »wichtiger Grund« vorliegt – also garantiert nicht Bergsteigen in Patagonien. Erfreulicherweise bieten aber fast alle Bundesländer seit einigen Jahren Sabbatical-Modelle in Form von Teilzeitbeschäftigung an. In der Regel sind das folgende Varianten:

- 3-Jahres-Modell: 2 Jahre voll arbeiten, ein Jahr frei, monatlich $2/3$ der Dienstbezüge;
- 4-Jahres-Modell: 3 Jahre voll arbeiten, ein Jahr frei, monatlich $3/4$ der Dienstbezüge;
- 5-Jahres-Modell: 4 Jahre voll arbeiten, ein Jahr frei, monatlich $4/5$ der Dienstbezüge;
- 6-Jahres-Modell: 5 Jahre voll arbeiten, ein Jahr frei, monatlich $5/6$ der Dienstbezüge;
- 7-Jahres-Modell: 6 Jahre voll arbeiten, ein Jahr frei, monatlich $6/7$ der Dienstbezüge.

Diese Modelle gelten in der Regel auch für Teilzeitbeschäftigte. Allerdings darf die Hälfte der regelmäßigen Pflichtstundenzahl bei Lehrern nicht unterschritten werden. Auf die Laufbahn hat das Sabbatjahr keinerlei Auswirkungen: Die Wartezeiten auf Beförderungen verlängern sich dadurch nicht.

Für den Erziehungsurlaub wird das Sabbat-Modell entsprechend unterbrochen und danach fortgesetzt. Beim Mutterschutz verlängern sich Ansparphase und Freistellungsphase nicht. Kindergeld wird in voller Höhe weitergezahlt. Auch Beihilfen fließen im vollen Umfang für den gesamten Zeitraum.

Weihnachtsgeld und Urlaubsgeld werden anteilig bezahlt. Jubiläumszuwendungen werden ungekürzt gewährt, das Jubiläumsdienstalter nicht hinausgeschoben. Die Altersversorgung verringert sich entsprechend der Bezüge.

Teilzeitbeschäftigungen in Form von Sabbatical-Modellen können mehrmals in Anspruch genommen werden. Am beliebtesten scheint übrigens das 4-Jahres-Modell zu sein: Die Zeit bis zum Sabbatical ist überschaubar und die Gehaltseinbußen sind noch gut zu verkraften. So sieht die Sabbatjahr-Regelung in den jeweiligen Bundesländern aus:

Baden-Württemberg

Für alle Beamten: 4- bis 8-Jahres-Modell.

Informationen: Ministerium für Kultus, Jugend und Sport, Neues Schloß, Schloßplatz 4, 70173 Stuttgart. Tel.: 0711 / 279-0, Fax: 0711 / 279-25 50.

Bayern

Volksschullehrer können zusätzliche Unterrichtsstunden auf einem Arbeitszeitkonto ansparen, das ab dem Schuljahr 2003/2004 in Form von Langzeiturlaub ausgeglichen wird. Seit 1999 kommen 80 beamtete Lehrer in den Genuß des 6-Jahres-Modells. In Zukunft sollen auch kürzere Modelle angeboten werden.

Informationen: Bayerisches Staatsministerium für Unterricht, Kultus, Wissenschaft und Kunst, Salvatorstr. 2, 80333 München. Tel.: 089/2186-0, Fax: 089/2186-2800.

Berlin

Für alle Beamten und Angestellten der Landesregierung und der Stadt: 3- bis 7-Jahres-Modell. Lehrer können auch ein 2-Jahres-Modell wählen (ein Jahr arbeiten, ein Jahr frei, die Hälfte der Bezüge). Das Sabbatjahr muß nicht erst am Ende der Laufzeit genommen werden, kann aber frühestens nach der Hälfte der zu leistenden Arbeitszeit angetreten werden.

Informationen: Senatsverwaltung für Inneres, Klosterstr. 47, 10179 Berlin. Tel.: 030/9027-0, Fax: 030/9027-2880.

Brandenburg

Für Beamte und angestellte Lehrer: 3- bis 7-Jahres-Modell, allerdings mit Freistellungszeit schon ab drei Monaten.

Informationen: Ministerium für Wissenschaft, Forschung und Kultur, Friedrich-Ebert-Str. 4, 14467 Potsdam. Tel.: 0331/866-0, Fax: 0331/866-4998.

Bremen

Für alle Beamten: 3- bis 7-Jahres-Modell; außerdem einen Monat mehr Urlaub im Jahr bei Verzicht aufs Dezember-Gehalt.

Informationen: Senator für Bildung und Wissenschaft, Rembertiring 8–12, 28195 Bremen. Tel.: 0421/361-0, Fax: 0421/361-4176.

Hamburg

Für alle Beamten und Angestellten im öffentlichen Dienst: 1- bis 7-Jahres-Modell (beim 1-Jahres-Modell wird ein halbes Jahr gearbeitet, dann ein halbes Jahr freigenommen, zur Hälfte der Bezüge). Informationen: Personalamt der Freien und Hansestadt Hamburg, Steckehörn 12, 20457 Hamburg. Tel.: 040/3681-0, Fax: 040/3681-2226.

Hessen

Nur für beamtete Lehrer: 3- bis 7-Jahresmodell; außerdem kann man maximal zwei zusätzliche Arbeitsstunden pro Woche bis zu 12 Jahre lang auf ein Langzeitkonto ansparen und damit bis zu einem halben Jahr Urlaub machen.
Informationen: Hessisches Kultusministerium, Luisenplatz 10, 65185 Wiesbaden. Tel.: 0611/368-0, Fax: 0611/368-2099.

Mecklenburg-Vorpommern

Bisher gibt es noch kein Sabbat-Jahr.
Informationen: Kultusministerium, Werderstr. 124, 19055 Schwerin. Tel.: 0385/588-0, Fax: 0385/588-7082.

Niedersachsen

Für alle Beamten und Angestellten des Landes und der Gemeinden: 1- bis 7-Jahres-Modelle (beim 1-Jahres-Modell wird ein halbes Jahr gearbeitet, dann ein halbes Jahr freigenommen bei der Hälfte der Bezüge).
Informationen: Niedersächsisches Innenministerium, Lavesallee 6, 30169 Hannover. Tel.: 0511/120-0, Fax: 0511/120-6550.

Nordrhein-Westfalen

Für alle Beamten des Landes und Angestellte im Schulbereich: 3- bis 7-Jahres-Modell.
Informationen: Ministerium für Schule und Weiterbildung, Völklinger Str. 49, 40221 Düsseldorf. Tel.: 0211/89603, Fax: 0211/8963220.

Rheinland-Pfalz

Für alle Beamten: 3- bis 7-Jahres-Modell.

Informationen: Ministerium des Inneren und für Sport, Schillerplatz 3–5, 55116 Mainz. Tel.: 06131/16-0, Fax: 06131/16-35 95.

Saarland

Für beamtete und nichtbeamtete Lehrer und Angestellte von Land und Gemeinden: 4- bis 7-Jahres-Modell; für alle anderen Beamten: 2- bis 7-Jahres-Modell.

Informationen: Ministerium des Inneren, Franz-Josef-Röder-Str. 21, 66119 Saarbrücken. Tel.: 0681/501-00, Fax: 0681/501-21 46.

Sachsen

Bisher gibt es noch kein Sabbat-Jahr.

Informationen: Sächsisches Staatsministerium für Kultus, Carolaplatz 1, Westflügel, 01097 Dresden. Tel.: 0351/564-0, Fax: 0351/564-31 99.

Sachsen-Anhalt

Bisher gibt es noch kein Sabbat-Jahr.

Informationen: Kultusministerium, Breiter Weg 31, 39104 Magdeburg. Tel.: 0391/567-01, Fax: 0391/567-36 95.

Schleswig-Holstein

Nur für beamtete Lehrer: 4- bis 7-Jahres-Modell.

Informationen: Ministerium für Bildung, Wissenschaft, Forschung und Kultur, Gartenstr. 6, 24103 Kiel. Tel.: 0431/988-0, Fax: 0431/988-24 18.

Thüringen

Bisher gibt es noch kein Sabbat-Jahr.

Informationen: Thüringisches Kultusministerium, Werner-Seelenbinder-Str. 1, 99096 Erfurt. Tel.: 0361/37 90-0, Fax: 0361/37 94-690.

In den **Waldorfschulen** steht den Klassenlehrern traditionell nach dem Abschluß ihrer achten Klasse ein sogenanntes »Freijahr« zu. Zu welchen Konditionen, wird von Schule zu Schule unterschiedlich geregelt. Nicht alle Schulen können die Kosten übernehmen oder eine Weiterbeschäftigung garantieren.

Für **Hochschulprofessoren** gilt das gleiche wie für Beamte entsprechend der Bestimmungen in den einzelnen Bundesländern. Statt eines Sabbatjahres können sie aber auch ein Sabbatical im ursprünglichen Sinne, nämlich ein Forschungssemester, einlegen. Je nach Bundesland wird man meist nach sieben Semestern Professur für sechs Monate bei vollen Bezügen freigestellt, um sich in der Zeit einem umfassenden Forschungsprojekt zu widmen. Das kann auch im Ausland sein. Die Uni-Pflichten und Vorlesungen ruhen währenddessen; es muß eine Vertretung vorhanden sein.

Andere Länder, andere Sitten

Australien

Im öffentlichen Dienst gibt es nach 10 Jahren Anspruch auf drei Monate bezahlten »long service leave«.

Dänemark

Nach drei Jahren Berufstätigkeit kann man für sechs Monate mit einem Arbeitslosen tauschen. Er übernimmt währenddessen die Stelle, man bekommt dafür 80 % seines alten Lohns.

Frankreich

Jedem Bürger steht per Gesetz nach sechs Arbeitsjahren – davon 36 Monate im gleichen Betrieb – ein sechs- bis elfmonatiges unbezahltes »congé sabbatique« zu.

Niederlande

Schon nach einem Jahr fester Arbeit können sich die Niederländer für einen Bildungsurlaub bis zu sechs Monate freistellen lassen und werden mit maximal 960 Gulden im Monat unterstützt. Voraussetzung ist, daß der Arbeitgeber gleichzeitig einen Arbeitslosen für die Dauer des Sabbaticals beschäftigt.

Schweiz

Hochschulprofessoren können nach sechs Dienstjahren ein bezahltes Freisemester einlegen. Die Maschinenindustrie legte im Juni 1998 erstmalig eine Jahres- statt einer Wochenarbeitszeit fest. Im neuen Gesamtarbeitsvertrag können Arbeitnehmer auch ein Langzeitkonto für die Arbeitszeit vereinbaren, das für Frühpensionierung oder Sabbaticals genutzt werden kann.

USA

Professoren und College-Lehrer können in der Regel nach fünf- bis siebenjähriger Lehrtätigkeit ein zur Hälfte bezahltes Freijahr (»sabbatical leave«) nehmen. Rund 20 % aller großen amerikanischen Unternehmen haben Sabbaticals im Programm, zusätzlich zu den vielen Betrieben, die ihre Angestellten auf informeller Basis, aber mit Arbeitsplatzgarantie freistellen.

Hey Chef, ich brauch' mehr Zeit

Freistellung ohne Risiko

*Ich möchte am liebsten ganz Deutschland
aufstacheln. Daß alle sagen:»Ich muß
mal durchschlafen. Ich will eine Auszeit.«*

Christoph Schlingensief

Alles nur eine Frage der Taktik

»Wenn ich frage, ob ich mal ein halbes Jahr Urlaub machen kann, zeigt mir mein Chef doch den Vogel!«, lautet die typische Anwort eines typischen Angestellten zum Thema Ausstieg auf Zeit. Unterschätzen Sie Ihren Chef nicht: Letztendlich steckt auch in ihm ein Mensch, der vielleicht insgeheim von einem langen Segeltörn oder einer Himalaya-Wanderung träumt – und daher solchen Gedanken gegenüber aufgeschlossener ist, als Sie ahnen.

Bei aller Euphorie ist eines natürlich klar: Kein Arbeitgeber ist spontan begeistert, wenn ein Mitarbeiter oder eine Mitarbeiterin befristet aussteigen will. Aber das ist Ihr Chef naturgemäß auch nicht, wenn Sie um eine Gehaltserhöhung bitten oder in den Erziehungsurlaub gehen wollen. Verzichten Sie deshalb Ihr Leben lang auf Kinder oder auf mehr Geld? Na also!

Wenn man Sie nicht mit Handkuß in die Ferne ziehen läßt, ist das noch kein Fall für Amnesty International. Per Gesetz steht Ihnen – anders als in manchen anderen Ländern – kein Recht auf ein Sabbatical zu. Aber Sie haben vielleicht ein vertragliches Anrecht darauf. Schauen Sie also erst einmal, was Ihr Arbeitsvertrag sagt. Vielleicht wußten Sie bis heute noch nicht, daß Sie Ihren Urlaub auch auf einem Langzeitkonto ansparen können, statt ihn jedes Jahr abzufeiern. Erkundigen Sie sich in der Personalabteilung, ob das Langzeitkonto nur für den Vorruhestand genutzt werden kann oder auch für ein mehrmonatiges Sabbatical. Wenn ja, dann haben Sie beste Voraussetzungen für alle weiteren Absprachen mit Ihrem Arbeitgeber – und dazu in der Regel ein Gehalt während der Auszeit. Ein solches Privileg nicht zu nutzen, ist ungefähr so ehrenwert, wie einen Lottogewinn nicht abzuholen.

Auch wenn Sie es nicht schriftlich haben, besteht dennoch die Chance, eine längere Freistellung zu erwirken. Alles ist nur eine Frage der Taktik. Der erste Schritt beginnt lange vor dem eigentlichen Freistellungsgespräch. Verheimlichen Sie nicht Ihre Interessen. Die entscheidenden Leute in Ihrer Umgebung sollen ruhig wissen, daß Sie sich neben der Arbeit auch noch für andere Dinge im Leben begeistern können. Wenn die ganze Abteilung seit Monaten oder Jahren an Ihrer großen Afrika-Sehnsucht teilhaben durfte, kommt die Offenbarung, daß Sie dort ein halbes Jahr leben wollen, nicht aus völlig heiterem Himmel.

Rechtzeitig klar sein sollte Ihnen auch, wie wichtig Sie dem Unternehmen sind. Wer so unersetzbar ist, daß jeder Chef froh ist, wenn man wiederkommt, kann sich natürlich sehr viel mehr an Freiheiten herausnehmen als jemand, der auf der internen Abschußliste steht. Ein EDV-Experte zum Beispiel, der zur Zeit auf dem Markt am stärksten gefragt ist, läßt sich sein späteres Sabbatical womöglich schon bei der Einstellung in den Vertrag schreiben – er hält schließlich alle Trümpfe in der Hand.

Auf der anderen Seite sollten Sie dennoch soweit ersetzbar sein, daß während Ihrer Abwesenheit nicht der ganze Laden zusammenbricht. Und damit sind Sie schon beim zweiten Schritt: Entwickeln Sie ein Konzept für Ihren Chef. Wie Ihre Abwesenheit möglichst schmerzfrei und kostensparend überbrückt werden kann, sollte nicht Aufgabe Ihrer Vorgesetzten sein – zumindest nicht aus deren Sicht, und die ist in dem Fall nun mal maßgebend. Das Motto heißt: Wenn der Betrieb schon nicht von Ihrem Freizeitspaß profitiert, darf er wenigstens nicht darunter leiden. Schauen Sie sich also bereits im Vorfeld nach einer möglichen Vertretung um und ziehen Sie sie eventuell ins Vertrauen. Es kann Ihnen nur helfen, wenn Sie Unterstützung von den Kollegen haben – schließlich müssen die im Zweifelsfall Ihre Arbeit miterledigen. Für manchen kann solch ein Einsatz auch eine Chance sein, sich als Führungskraft zu etablieren. Falls Sie jedoch in einem Umfeld arbeiten, wo Mobbing auf der Tagesordnung steht und der Konkurrenzkampf untereinander extrem hoch ist, ist es besser, Sie behalten Ihren Aussteigerwunsch so lange für sich, bis Sie eine verbindliche Absprache mit Ihrem Vorgesetzten getroffen haben. Sonst kann es Ihnen passieren, daß die lieben Kollegen Ihre Pläne vorzeitig torpedieren.

Als Alternative zur Vertretungs-Lösung können Sie Ihr Sabbatical vielleicht in einer »toten« Zeit nehmen. Hat Ihre Firma Produktionsstoßzeiten? Werden die Mitarbeiter angehalten, möglichst nur in bestimmten Monaten Urlaub zu nehmen, weil dann am wenigsten zu tun ist? Dann dürfte Ihr Abgang in der Zeit nicht nur am wenigsten auffallen, sondern unter Umständen Ihrem Arbeitgeber sogar ganz gelegen kommen.

Gleichzeitig sollten Sie sich schlau machen, ob es in Ihrer Firma vielleicht schon Aussteiger auf Zeit gegeben hat. Das nimmt Ihnen die Vorreiterfunktion. Sie können sich berechtigterweise auf einen Bonus berufen, den andere Mitarbeiter bereits in Anspruch genommen haben. Fragen Sie diese Kollegen, zu welchen Konditionen man sie hat ziehen lassen. Der Informationsvorsprung macht sich bei der späteren Verhandlung bezahlt.

Als weitere Hausaufgabe sollten Sie sich eine Liste der Punkte machen, die Ihnen in bezug auf Ihr Sabbatical extrem wichtig sind, und welche weniger wichtig. Zum Beispiel:

- Müssen es unumstößlich sechs Monate sein oder wären auch vier Monate erträglich?
- Will ich allein über meine freie Zeit verfügen oder würde ich auch eine Fortbildungsmaßnahme für das Unternehmen antreten?
- Verzichte ich komplett aufs Gehalt oder möchte ich, daß bestimmte Sozialleistungen – zum Beispiel vermögenswirksame Leistungen – weiterlaufen?
- Will ich an exakt den gleichen Arbeitsplatz zurückkehren oder auch gerne auf eine andere Stelle?
- Kann ich meinen Kollegen anbieten, daß ich für wichtige Nachfragen erreichbar bin, oder bestehe ich auf totale Abgeschiedenheit?

Sobald Sie diese Prioritätenliste erstellt haben, bitten Sie um einen Termin beim Chef – denn je früher Sie das entscheidende Gespräch führen, desto besser. Dann entsteht auch weniger schnell der Eindruck, Sie wollten Hals über Kopf aus einer Midlife-Krise fliehen. Als Faustregel gilt: Die Zeit, die Sie wegwollen – zum Beispiel drei Monate – mindestens ebenso lange vorher ankündigen. Und zwar nicht beim zufälligen Treffen im Aufzug, sondern bei einem vereinbarten Termin, für den eine halbe Stunde Zeit vorhanden sein sollte.

Wenn Sie nun endlich Ihrem Vorgesetzten gegenübersitzen, dann lassen Sie Ihr Anliegen wie einen vernünftigen Vorschlag und nicht wie eine Forderung klingen. Sinn und Zweck ist, daß Ihr Chef nicht in eine Abwehrhaltung gerät und Ihre Idee für unerhört hält, sondern für ungewöhnlich, aber überlegenswert. Je ehrenwerter und nachvollziehbarer Ihre Pläne sind, desto besser: Zum Beispiel ein Jahr mit Ihren Kindern verbringen zu wollen, die durch Ihre Arbeit zu kurz gekommen sind. Die Sätze »Ich kann diesen Laden hier nicht mehr sehen!« oder »Mein Job stinkt mir zur Zeit dermaßen!« sollten Sie komplett streichen. Auch das Wort »Aussteigen« hört man in Chefetagen gar nicht gerne – es klingt zu sehr nach Abhängen, Wegdriften und Arbeitsverweigerung.

Sprechen Sie lieber vom Manager-kompatiblen Sabbatical, einer Freistellung oder von verlängertem Urlaub. Lassen Sie ruhig einfließen, wie positiv man in fortschrittlichen Firmen über solche Maßnahmen denkt (Argumentationshilfen ab Seite 38). Jeder Personalleiter wähnt sich gerne in dem Glauben, modern und aufgeschlossen zu sein. Besonders hilfreich ist es, wenn Sie konkret erklären können, warum ausgerechnet Ihr Arbeitgeber davon profitiert, daß Sie ihm eine Zeitlang nicht zur Verfügung stehen. Vielleicht verbessern Sie Ihre Sprachkenntnisse oder Ihr Wissen auf einem bestimmten Gebiet? Verbinden Sie Ihre Weltreise mit einem Besuch bei den ausländischen Niederlassungen Ihrer Firma? Machen Sie vielleicht unterwegs Kontakte, die für die Firma wertvoll sind? Beginnen Sie Ihr Sabbatical mit einer längeren Fortbildungsmaßnahme oder schreiben Sie in der Zeit Ihre Doktorarbeit?

Soweit kann sich Ihr Chef vielleicht in Ihre durch und durch positiven Absichten hineindenken. Aber dann folgt logischerweise die Frage: »Und wie stellen Sie sich das bitte vor?« Jetzt kommt Ihr vorher erarbeitetes Konzept zum Zuge: wer, wie, wann, wo. Ein aus Ihrer Sicht perfektes Rundum-Paket, das keine Fragen offen läßt und dem der »Big Boß« eigentlich nur noch spontan zuzustimmen bräuchte – was er aber mit 99 %iger Sicherheit nicht tut.

Denn jetzt geht es – vielleicht auch nach einer Bedenkzeit in einem zweiten Gespräch – ums zähe Verhandeln. Dabei müssen Sie zwei Ziele verfolgen. Erstens: Die Verwirklichung Ihres persönlichen Traumes. Zweitens: Keine verbrannte Erde hinterlassen. Möglichst nicht einmal angesengte. Denn Ihr Wiedereinstieg und damit Ihr Wohlbefinden nach dem Sabbatical hängt nicht unwesentlich davon ab, mit welchen Gefühlen von oben man Sie hat ziehen lassen. Um diese meist diametral entgegengesetzten Ziele unter einen Hut zu bringen, müssen Sie zu Kompromissen bereit sein – sonst bleibt Ihnen eigentlich nur die Kündigung.

Wenn Sie merken, daß Ihr Chef Ihre Idee grundsätzlich unterstützt, ihm die Rahmenbedingungen aber zu extrem sind, dann machen Sie dort Abstriche, wo es Ihnen am wenigsten weh tut (siehe Prioritätenliste Seite 52). Nach dem Prinzip »Geben und Nehmen« hilft es auch, wenn Sie ihm etwas anbieten können: Ein zusätzliches Projekt übernehmen, für das sich keiner Ihrer Kollegen begeistern konnte; eine neue Kollegin einarbeiten; die Überstunden der letzten Wochen unter den Tisch fallen lassen. Wenn Ihr Chef merkt, daß Sie sich überdurchschnittlich für Ihren Job engagieren, um ebenso extrem Ihre Freizeit genießen zu können, wird er Ihren Einsatz sicher eher honorieren.

Wenn Sie diese Gratwanderung erfolgreich beendet haben und das ersehnte O.K. von oben haben, müssen Sie noch einen wichtigen Punkt klären: Wie sieht es mit Ihrer Stelle nach der Rückkehr aus? Wenn man Ihnen einen »gleichwertigen Arbeitsplatz« verspricht, bekommen Sie zwar dasselbe Gehalt, aber nicht unbedingt dieselben Aufgaben. Vielleicht sind Sie dann der Springer, der immer neue Urlaubsvertretungen zu machen hat. Oder Sie haben als Abteilungsleiter plötzlich keine Leute mehr unter sich, sondern ein »Sonderprojekt«.

Wer sich von vorneherein seinen alten Schreibtisch samt Kaffeetasse sichern will, sollte sich das schriftlich bestätigen lassen. Eine Vereinbarung, auch über die Dauer und die weiteren Konditionen des Sabbaticals, ist in jedem Fall sinnvoll. Damit ruhen die gegenseitigen Rechte und Pflichten, aber das Angestelltenverhältnis besteht weiter – ähnlich wie bei Auslandsverträgen.

Der Kölner Rechtsanwalt Dr. Axel Hoß hat zwei Prototypen eines Sabbatical-Schriftstücks aufgesetzt:

Beurlaubungsvereinbarung
(für eine bezahlte Freistellung mit vorgearbeiteten Überstunden)

Sehr geehrte Frau Musterschmitz,

hiermit bestätigen wir die zwischen Ihnen und uns getroffene Vereinbarung über die von Ihnen gewünschte Beurlaubung.

1. Beurlaubung
Mit Wirkung vom 1. 9. 1998 werden Sie auf eigenen Wunsch unwiderruflich für die Zeit bis zum 31. 3. 1999 von Ihren Pflichten aus dem Anstellungsvertrag vom 1. 10. 1990 beurlaubt.

2. Vergütung
Während der unter Ziffer 1 beschriebenen Beurlaubung erhalten Sie die vertragsgemäßen Bezüge fortgezahlt.

3. Anrechnung von Urlaub und Überstunden
Die unter Ziffer 1 vorgesehene Beurlaubung erfolgt unter Anrechnung auf Ihren Jahresurlaub für die Kalenderjahre 1998 und 1999 sowie unter Anrechnung auf die von Ihnen bisher angesammelten Überstunden.

4. Wettbewerbsverbot
Da das Anstellungsverhältnis auch während der Freistellung fortbesteht, weisen wir Sie darauf hin, daß es Ihnen untersagt ist, während der Beurlaubung für einen Wettbewerber in irgendeiner Form tätig zu werden.

Des weiteren weisen wir Sie darauf hin, daß anderweitiger Verdienst in dieser Zeit auf die von uns geschuldete Vergütung angerechnet wird.

5. Wiedereingliederung
Nach Beendigung der Beurlaubung werden wir Sie auch weiterhin auf Ihrem alten Arbeitsplatz als ... einsetzen.

Mit freundlichen Grüßen
XYZ GmbH

Mit dem Inhalt dieses Schreibens erkläre ich mich einverstanden

———————————————————

Claudia Musterschmitz

Beurlaubungsvereinbarung
(für eine unbezahlte Freistellung ohne vorgearbeitete Überstunden)

Sehr geehrter Herr Mustermeier,

hiermit bestätigen wir die zwischen Ihnen und uns getroffene Vereinbarung über die von Ihnen gewünschte Beurlaubung.

1. Beurlaubung
Mit Wirkung vom 1. 9. 1998 werden Sie auf eigenen Wunsch von Ihren Pflichten aus dem Anstellungsvertrag vom 28. 6. 1985 beurlaubt. Die Beurlaubung ist befristet bis zum 31. 8. 1999.

2. Vergütung
Während der unter Ziffer 1 beschriebenen Beurlaubung ruht der Anspruch auf die Vergütung. Die Jahressonderzahlung wird entsprechend gekürzt werden.

3. Sozialversicherung
Sie bleiben weiterhin Mitglied in der gesetzlichen Rentenversicherung, sofern die freiwillige Mitgliedschaft in der BfA genehmigt wird. Wir stellen einen Antrag auf freiwillige Mitgliedschaft in der BfA. Die jeweiligen Beiträge (Arbeitnehmer- und Arbeitgeberanteile) werden wir an die BfA abführen und auf Ihrem Gehaltskonto als Vorschuß verbuchen. Der Vorschuß wird mit den Gehältern ab September 1999 verrechnet werden.

Wir empfehlen Ihnen, sich in der Krankenkasse ebenfalls freiwillig weiter zu versichern. Insofern dürfen wir Sie bitten, die entsprechenden Gespräche mit Ihrer Krankenkasse selbst zu führen.

4. Betriebliche Altersversorgung
Die Zeit Ihrer Beurlaubung werden wir in Abweichung von unserem Versorgungswerk als Dienstzeit im Sinne des Versor-

gungswerkes betrachten, so daß Ihnen durch die Beurlaubung keinerlei Nachteile in der betrieblichen Altersversorgung entstehen werden.

5. Wettbewerbsverbot

Da das Anstellungsverhältnis grundsätzlich fortbesteht, weisen wir Sie darauf hin, daß es Ihnen untersagt ist, während der Beurlaubung für einen Wettbewerber in irgendeiner Form tätig zu werden.

6. Wiedereingliederung

Nach Beendigung des Beurlaubungsvertrages und Ihrer Rückkehr in unser Unternehmen werden wir Sie auch weiterhin auf Ihrem alten Arbeitsplatz als ... einsetzen.

Die derzeitigen Konditionen des Arbeitsvertrages bleiben insofern von der Beurlaubung unberührt, sofern in diesem Schreiben nichts Gegenteiliges geregelt ist.

7. Urlaub

Zwischen uns besteht Einigkeit, daß Sie Ihren anteiligen Jahresurlaub für das Kalenderjahr 1999 frühestens ab Dezember 1999 in Anspruch nehmen werden.

8. Sonstiges

Die übrigen Bestandteile Ihres Arbeitsvertrages bleiben von dieser Vereinbarung unberührt.

Mit freundlichen Grüßen
XYZ GmbH

Mit dem Inhalt dieses Schreibens erkläre ich mich
einverstanden

_____

Jochen Mustermeier

Und tschüß!

Mal angenommen, Ihre Verhandlungstaktik ist nicht erfolgreich, Ihr Chef sowieso ein Fiesling und Sie sind restlos bedient: Machen Sie bloß nicht den Fehler und steigen Sie, nach dem Motto »Ich will in der Zeit ja auch kein Gehalt!«, einfach ohne Genehmigung von oben aus. »Selbstbeurlaubung gilt als Arbeitsverweigerung«, so Arbeitsrechtler Hoss, »darauf folgt ganz legal die Kündigung.«

Ihnen steht natürlich auch die Möglichkeit der Kündigung offen, falls Ihre Firma sich nicht in der Lage sieht, Sie zu beurlauben, und Ihnen das Sabbatical wichtiger ist als der Erhalt der sicheren Stelle.

Eine Kündigung ist die konsequenteste Form des Aussteigens: Im Gegensatz zu denen, die in einen alten Lebensrahmen heimkehren und vorerst nur begrenzte Veränderungsmöglichkeiten haben, steht Ihnen nach der Rückkehr wirklich alles offen. Sie können Ihre Karten völlig neu mischen, noch einmal komplett von vorne anfangen und sich entsprechend Ihrer neu entstandenen Interessen einen Job suchen, der besser zu Ihrem neuen Selbst paßt.

Die Frage beim Thema Kündigung sollte sein: Zieht es Sie nur ins Sabbatical, oder zieht es Sie grundsätzlich weg von Ihrer Arbeitsstelle? Sich in einem Job beurlauben zu lassen, den man eh nicht mehr will, macht wenig Sinn. Viele Aussteiger auf Zeit, die nur unter der Prämisse den Absprung gewagt haben, daß ein sicherer Arbeitsplatz nach der Rückkehr auf sie wartet, haben dieses Sicherheitskorsett am Ende bereut. Denn echte Freiheit hätte eigentlich bedeutet, das Risiko bis in die letzte Konsequenz einzugehen und den Job zu schmeißen. Oft wird einem aber erst im Laufe des Sabbaticals klar, daß man sich mit zu hoher Absicherung womöglich um die Chance eines kompletten Neuanfangs bringt. Außerdem wird oft die Endphase des Sabbaticals, in der die meisten neuen Ideen in bezug auf die eigene Zukunft entstehen, durch die Gedanken an den alten Arbeitsplatz überschattet.

Wenn Sie den drastischen, aber durchaus überlegenswerten Schritt einer Kündigung unternehmen, dann ebenfalls nach der Devise »bloß nicht zu heftig«. Erstens arbeitet es sich in den letzten Wochen vor dem Abgang angenehmer, wenn man im Guten geht. Zweitens wollen Sie ein möglichst freundliches Zeugnis von Ihrem Arbeitgeber – schließlich haben Sie wahrscheinlich noch nichts Neues in Aussicht. Und drittens kommt Ihnen der alte Job nach ein paar Monaten, in denen jeder Streß von Ihnen abgefallen ist, vielleicht wieder ganz attraktiv vor, und Sie wollen dorthin zurück – eine Variante, die durchaus vorkommt und manchmal funktioniert. Der beste Abgang ist daher der, bei dem beide Seiten das Interesse haben, miteinander in Verhandlung zu bleiben. Und dann sieht man weiter.

Generell gilt als gesetzliche Kündigungsfrist: Vier Wochen zum Monatsende oder zum 15. eines jeden Monats. Die meisten Arbeitsverträge besagen jedoch, daß die Verlängerung der Kündigungsfrist für den Arbeitgeber auch für den Arbeitnehmer gelten – ab fünf Jahren Anstellung zwei Monate zum Ende eines Kalendermonats, ab acht Jahren drei Monate, ab 10 Jahren vier Monate, ab 12 Jahren fünf Monate, ab 15 Jahren sechs Monate und ab 20 Jahren sieben Monate. Liegt allerdings ein Tarifvertrag zugrunde, gelten dessen Kündigungsfristen – unabhängig vom Gesetz.

Wichtig ist, daß die Kündigung nicht dadurch ungültig wird oder sich verschiebt, weil sie zu spät eingeht. Das Kündigungsschreiben daher entweder persönlich in der Personalabteilung abgeben und es sich quittieren lassen oder es per Einschreiben schicken.

Wer noch Resturlaub hat, wird ihn in der Regel am Ende der Beschäftigungszeit nehmen und damit früher aussteigen können. Obwohl der Arbeitnehmer grundsätzlich festlegen darf, wann er seinen Urlaub nehmen möchte, kann ihn der Arbeitgeber trotzdem dazu verdonnern, erst drei Wochen Urlaub zu machen und dann für zwei Wochen wiederzukommen, bevor er endgültig gehen darf – nämlich dann, wenn die betriebliche Situation, zum Beispiel das Weihnachtsgeschäft im Einzelhandel oder die Hauptproduktionszeit, dagegen spricht.

Nach neuester Rechtsprechung ist Freistellung nicht gleich Urlaub, wenn nicht ausdrücklich darauf hingewiesen wurde, so daß der Arbeitgeber Ihnen den noch bestehenden Resturlaub (finanziell) ausgleichen muß. Diese Regelung greift aber jeweils nur bis zum 31. 12., danach verfällt der Resturlaub automatisch.

Wenn Sie mit Ihrem Arbeitgeber vereinbaren können, daß er Ihnen kündigt, dann erhalten Sie von Anfang an Arbeitslosengeld und nicht erst nach der dreimonatigen Sperrfrist. Allerdings kann es der Firma in solch einem Fall passieren, daß sie die Kündigung, die zum Beispiel »aus betriebsinternen Gründen« erfolgte, dem Arbeitsamt gegenüber detailliert begründen muß.

Aussteigerbericht II
Die Uhr auf der rechten Seite

Peter Zock, 37, war seit fünf Jahren Unterhaltungsredakteur beim ZDF in Mainz, als er sich für ein ganzes Jahr beurlauben ließ, um in San Francisco zu leben. Er beschreibt, wie er seine Freistellung einfädelte und nach der Rückkehr davon profitierte.

Der Wunsch, mal eine Zeitlang in Kalifornien zu leben, entstand durch einen Besuch bei meiner Schwester. Sie wohnt in San Francisco, und ich war von dieser Stadt auf Anhieb fasziniert. Dort wollte ich ein Jahr lang leben. Ich war zu dem Zeitpunkt Single, hatte keine Schulden, kein Eigentum – optimale Voraussetzungen, um solch eine Idee zu verwirklichen. Wenn ich es jetzt nicht machen würde, wann dann? Worauf wartete ich noch? Es war eigentlich alles perfekt. Ich mußte mich nur beurlauben lassen.

Nachdem ich anfangs völlig euphorisiert war, habe ich mich plötzlich nicht mehr richtig getraut. Ich hatte die Befürchtung, daß mir die Frage nach einer Beurlaubung beim ZDF als Schwäche ausgelegt werden würde. In meiner Branche wird schnell gedacht: »Der schafft das nicht mehr, der ist anfällig« – als ob man in Kur geht oder so ähnlich.

Ich hatte mal gelesen, daß José Ignacio Lopez seinen Managern bei VW riet, die Uhr ab jetzt immer am rechten statt am linken Arm zu tragen, damit man sich jedesmal beim Hingucken vergegenwärtigt: Alles ist neu, alles wird anders. Also habe ich meine Uhr auch auf der rechten Seite getragen, um mich mehrmals am Tag zu erinnern: »Du mußt aktiv werden, du mußt das endlich in die Wege leiten. Du willst nach Amerika!«

Die Vorbereitung

Wochenlang habe ich den Termin bei meinem Chef vor mir hergeschoben. Gegen den Schritt, an seine Tür zu klopfen und es ihm zu sagen, waren alle anderen Vorbereitungen einfach. Schließlich konnte ich ab dem Moment, wo ich meinen Wunsch aussprach, keinen Rückzieher mehr machen. Man spinnt ja schließlich oft rum: »Wenn ich mal so könnte, wie ich wollte, dann würde ich . . . usw.« Jetzt mußte ich plötzlich dazu stehen und es durchziehen.

Als ich dann endlich mit meinem Chef sprach, habe ich mein Problem in eine etwas andere Richtung geschoben. Ich wollte eine Möglichkeit finden, die es ihm sowohl leichter machte, meiner Bitte zuzustimmen, und die es mir nicht schwerer machen würde, falls er sie ablehnen würde. Natürlich war es zu dem Zeitpunkt so, daß mich mein Job ein bißchen angeödet hat. Routine, Langeweile, blöde Kollegen – nach einigen Jahren Arbeit kennt das wahrscheinlich jeder. Nur kannst du das einem Vorgesetzen in diesem Fall so nicht sagen. Denn wenn er Nein sagt, stehst du immer wie jemand da, der eigentlich weg wollte, aber nicht durfte. Also mußte ich ein Argument finden, mit dem ich auch im Falle einer Absage immer noch gut in meinem Beruf dastand.

Ich habe das Ganze dann auf eine persönliche Ebene gezogen und ein Argument benutzt, was zum Teil auch stimmte: Meine Schwester in San Francisco war zu dem Zeitpunkt wieder schwanger, ihr Mann und sie hatten ein kleines Multimedia-Büro mit Online-Diensten. Mein Sprüchlein hieß demnach: »Meine Schwester muß sich für eine Weile aus dem Büro rausziehen. Sie hat mich gebeten zu kommen und ihr zu helfen, sonst bricht dort der Laden zusammen.« Das war ein optimales Argument, weil es nichts mit meinem Job zu tun hatte. Ich hätte das Gesicht nicht verloren, wenn mein Chef Nein gesagt hätte. Und er hatte außerdem das Gefühl, etwas Gutes zu tun, weil er dem Peter Zock ermöglicht, seiner hochschwangeren Schwester aus der Patsche zu helfen.

Mein Chef stand meiner Bitte erstaunlich offen gegenüber. Ich hatte vorher gedacht, ich müßte eine wahnsinnige Überzeugungsarbeit leisten – obwohl ich überhaupt kein Taktiker bin. Am Ende war es aber nur so, daß er meinte: »Ich kann dazu noch nicht viel sagen, aber das klingt gut, das ist eine tolle Idee.«

Damit war mir natürlich der schlimmste Druck genommen. Es war wichtig und entscheidend, daß mein Chef seinen Segen gegeben hatte. Aber damit ging alles noch lange nicht automatisch seinen Weg. Mein Chef mußte erst einmal der Personalabteilung schreiben. Die brauchten dann ein formloses Schreiben von mir mit ein paar Gründen – warum und wie lange. Das ging dann wieder zurück an meinen Chef, der seine Beurteilung abgeben mußte. Danach mußte ich wiederum eine schriftliche Begründung aufsetzen. Es ging also eine Zeitlang hin und her; zwischendurch stockte der Briefverkehr in diesem großen Haus, alles ging sehr zögerlich voran. Drei Monate lang hörte die Personalabteilung nichts von meinem Hauptredaktionsleiter, also mußte ich da wieder hinterher sein. Da ich aber fest daran glaubte, daß es funktioniert, habe ich mich nicht bange machen lassen. Jeden Tag erinnerte mich meine Uhr am rechten Arm daran, daß ich am Ball bleiben und Druck machen mußte.

Nachdem die Sache dann nach mehreren Gesprächen endlich eingetütet war, ging es relativ flott. Nach einem Dreivierteljahr hielt ich das Schreiben vom ZDF in der Hand, in dem stand: »Sie sind für ein Jahr beurlaubt, finden Sie sich bitte am 2. Januar 1998 wieder in Ihrem Büro ein.« usw. Mir wurde zugesichert, daß ich wieder in der gleichen Abteilung mit derselben Bezeichnung in der gleichen Vergütungsgruppe arbeiten werde. Während meiner Abwesenheit wurde ein freier Mitarbeiter als Vertretung beschäftigt.

Als das Berufliche klar war, ging es an die privaten Geschichten ran: Ich entschloß mich, alles zu verkaufen. Ich löste meine Wohnung auf, verkaufte Auto und Motorrad, kündigte das Handy und Versicherungen. Mit jedem Stück, das wegging, habe ich mich ein bißchen leichter gefühlt. Am Ende war nur noch eine große Alu-Box mit den Sachen übrig, die ich im Flugzeug mit nach Amerika nehmen wollte. So hatte ich nicht das Gefühl, daß in Deutschland noch Dinge sind, um die ich mich kümmern mußte.

Mit der Unterstützung meines Chefs bekam ich ein Journalistenvisum für die USA. Das sicherte mir fünf Jahre Aufenthalt plus Arbeitsgenehmigung und Sozialversicherungsnummer zu.

Neue Perspektiven

In San Francisco habe ich dann nicht nur am Strand gesessen oder bin Rad gefahren, sondern habe auch zwei Reisebeiträge für den deutschen Sender Vox gedreht. Ich ging aufs College, machte Praktika beim amerikanischen Fernsehen – ich wollte ganz spezielle Sachen richtig lernen: technische Dinge, Regie, visuelle Umsetzung und Präsentation, Internet und Web-TV. Das klappte auch sehr gut. Über vier Monate konnte ich mein Wissen durch unbezahlte Jobs bei den Sendern vertiefen.

Durch diese Zeit hat sich meine berufliche Perspektive verändert. Für mich war das ZDF bisher einfach der wichtigste Fernsehsender Deutschlands, weil ich für ihn viele Jahre gearbeitet habe. Es war für mich schwer vorstellbar, etwas anderes zu machen. Das Jahr in den USA hat mir dazu sehr viel Abstand gegeben. Es hat mir gezeigt, daß ich nicht vom ZDF und auch nicht vom Fernsehen abhängig bin. Ich habe gelernt: Du gehst nicht unter, was immer auch passiert. Du kommst mit wenig Geld aus. Diese Entscheidungsfreiheit ist sehr angenehm.

Nach ein paar Monaten schrieb ich meinem Chef einen Brief – ein persönliches Dankeschön. Schließlich hatte er einen wichtigen Teil dazu beigetragen, daß ich in der Stadt meiner Träume war. Sein Okay war entscheidend für alle weiteren Instanzen gewesen. Er hatte die Situation und meine Argumentation genau verstanden und auch später nie gefragt, wie das denn so mit dem Büro meiner Schwester läuft.

Als mein Jahr in Kalifornien zu Ende ging, war das ganz furchtbar. Amerika und besonders San Francisco gefielen mir einfach unheimlich gut. Ich war außerdem verliebt, hatte am College eine Spanierin kennengelernt und wollte auf gar keinen Fall mehr weg. Also versuchte ich, einen Job zu finden – einen, von dem man auch leben kann. Ich habe an all meine Kontakte, die ich dort inzwischen im Fernsehbereich hatte, Bewerbungen geschickt. Aber es kamen nur Absagen. Dazu kam, daß meine damalige Freundin nicht wollte, daß ich mein Bleiben von ihr abhängig mache – das war ihr wohl zu viel Verantwortung. Daraufhin entschied ich mich, lieber doch nicht dort zu bleiben. Das Risiko, in Deutschland meine Stelle zu kündigen und in Amerika auch auf Dauer keinen Job zu finden, war mir zu groß –

ich hätte damit eine Bankrotterklärung abgegeben. So war es ein Jahr, auf das ich mein ganzes Leben lang glücklich und zufrieden zurückschauen kann, was auch immer als nächstes passiert. Es war eine perfekte Zeit, ich bin gesund geblieben, habe tolle Leute kennengelernt und wunderbar gelebt – alles positiv.

Die Rückkehr

Ich kam im Winter zurück und hatte das Gefühl, mich wahnsinnig verändert zu haben. Jeder Tag dieses Jahres 1997 war etwas Tolles und Neues gewesen. Da ich viel Zeit gehabt hatte, Sport zu treiben und mich gesund zu ernähren, hatte ich auch abgenommen. Innerlich wie äußerlich fühlte ich mich komplett wohl.

An meinem ersten Arbeitstag beim ZDF habe ich sicher zehn Liter Kaffee getrunken. Jeder holte mich in sein Büro und wollte quatschen. Die meisten Leute waren ganz erstaunt, als sie mich sahen:»Was, ist schon ein Jahr rum?«Da merkte ich, daß meine persönliche Entwicklung Lichtjahre von dem entfernt war, was die anderen gemacht hatten. Ich mußte mich erst mal wieder angleichen. Das ewige»Wie war's denn?«klang manchmal auch etwas neidisch und vorwurfsvoll, und nach einer gewissen Zeit hat es mich sogar genervt. Viele Leute sind mir jedoch mit großer Neugier entgegengetreten, und die meisten auch mit einer beruflichen Hochachtung. Man wußte, ich war in Amerika und habe dort für Fernsehsender gearbeitet – aber keiner wußte, was ich da wirklich gemacht habe. Die Kollegen hatten das Gefühl, daß ich mehr wußte als sie. Ich hatte mehr berufliche Autorität dazugewonnen und habe das sehr genossen. Zum Beispiel kannte ich jetzt Leute beim amerikanischen Fernsehen, die man für ein paar Wochen als Berater zum ZDF holen konnte. Oder ich wußte computertechnische Dinge, die noch vielen hier neu waren. Diesen Vorsprung konnte ich mir aber nicht auf die Stirn schreiben. Das zeigte sich erst bei der Arbeit.

Daß ich nach meiner Rückkehr wichtigere Sendungen betreuen durfte als vorher, hing sicher damit zusammen, daß ich ein Jahr in Amerika war. Weniger fachlich begründet als deshalb, weil die Leute beim ZDF das Gefühl bekommen hatten, daß man eine Persönlichkeit ist. Der Zock war jetzt nicht nur einer, der morgens um acht kam und um fünf wieder ging, sondern ein Mensch mit Träumen und Ideen. Einer, der sich engagiert, für sein Privatleben eintritt und dafür kämpft. Das hob mich aus dem Pulk der anderen Redakteure heraus, und deshalb hat man vielleicht bei der Vergabe einer wichtigen Sendung mit dem Finger auf mich gezeigt und gesagt: »Der soll's machen.«

In San Francisco dachte ich immer, mit dem ersten Tag in Deutschland sei alles, was in Amerika war, vorbei. Das stimmt aber nicht: Dieses Jahr hat Auswirkungen auf alles, was ich mache. Ob es die Post der Leute vom College ist, die ich aus aller Welt bekomme oder die neuen Perspektiven für meine Zukunft – es wirkt weiter.

Weil ich mir gerade ein neues berufliches Ziel gesteckt habe, trage ich meine Uhr weiter auf der rechten Seite. Es hat damals funktioniert, und es wird wieder klappen.

Wenn das alle täten...

Der Sinn des Sabbaticals

Ich wurde entlassen, geil! Endlich habe ich
Zeit, jeden Tag auf Parties zu gehen, brauch'
nicht mehr aus der Mikrowelle zu essen
und kann ausgiebig vögeln.

Aus dem Manifest der »Glücklichen
Arbeitslosen«, Berlin

Urlaub von der Arbeitslosigkeit

Ferien können gemeinhin nur Leute machen, die ansonsten arbeiten. Alle anderen sind minderjährig oder pensioniert – meint man. Obwohl Sabbaticals eigentlich für den werktätigen Teil der Bevölkerung erfunden wurden, werden sie in zunehmendem Maße auch für Menschen interessant, die ihren Arbeitsplatz verloren oder aufgegeben haben. Natürlich kann ein Sabbatical kein Breitband-Antibiotikum für die verheerenden sozialen Auswirkungen der Massenarbeitslosigkeit sein. Das ginge an den Nöten und Lebensumständen der meisten Betroffenen vorbei. Aber es ist durchaus eine ernstzunehmende, sinnvolle Maßnahme für den einzelnen, der aus dem einen oder anderen Grund für längere Zeit ohne Arbeit dasteht. Zum Beispiel, weil eine befristete Stelle ablief, einem gekündigt wurde oder man selber ohne neue Stelle in Aussicht gekündigt hat.

Warum aus der meist wenig erfreulichen Situation nicht das Beste machen? Ganz ohne Zynismus: Wer nicht arbeiten *darf,* hat sich immerhin die Freiheit eingehandelt, daß er nicht arbeiten *muß.* Und er hat – ebenso unfreiwillig – das in Massen, wonach sich jeder potentielle Aussteiger auf Zeit sehnt: nämlich Zeit. Kommt dann noch der wünschenswerte Umstand dazu, daß man – zum Beispiel durch eine Abfindung – einige Monate finanziell überbrücken kann, sind alle Voraussetzungen da, um die scheinbare berufliche Niederlage in einen persönlichen Gewinn zu verwandeln und den Schicksalsschlag »Arbeitslosigkeit« als Einstieg in den Ausstieg auf Zeit zu nutzen. Weniger philosophisch heißt das: Klinken Sie sich für eine bestimmte Zeit aus dem zermürbenden Zustand der Stellensuche und des Wartens aus. Verlassen Sie, wenn möglich, Ihre alte Umgebung. Reisen Sie, erfüllen Sie sich einen lange vernachlässigten Traum. Sie brauchen dazu nicht mehr Geld als für das Leben zu Hause – eher weniger (mehr dazu ab Seite 73). Aber Sie werden durch Erfahrungen bereichert und kommen mit neuer Energie und einer Ausstrahlung zurück, die Ihre Chancen bei einer Bewerbung deutlich erhöhen (siehe auch Seite 34 ff.). Und Sie lassen vorübergehend eine Umgebung hinter sich, die Ihren Wert in erster Linie am beruflichen Status mißt. Platt gesagt: Hier – oder in den Augen ehemaliger Kollegen – sind Sie vielleicht der »Loser«, woanders aber ein Abenteurer.

»In Lohn und Brot zu stehen, ist schon lange keine Grundbedingung mehr für ein intaktes Selbstwertgefühl«, haben die Trendforscher Johannes Goebel und Christoph Clermont festgestellt. »Die oft und gern wiedergekäute Formel ›Keine Arbeit = finanzieller Abstieg = soziale Isolation‹ ist deshalb nicht nur zynisch gegenüber den Arbeitslosen, sondern hat im Zeitalter der Lebensästheten schlichtweg an realer Bedeutung verloren.« Jüngstes Beispiel dafür ist die Gruppe der »Glücklichen Arbeitslosen« aus Berlin, die mit Happenings wie der »Putschvorbereitung gegen die preußische Arbeitsmoral« auf dem Alexanderplatz und Forderungen nach der »hundertprozentigen Arbeitszeitverkürzung bei vollem Lohnausgleich« aufwartete. Ihr provokantes Motto: Der Glückliche Arbeitslose ist ein aktiver Mensch, deshalb hat er keine Zeit zu arbeiten. Wenn der Arbeitslose unglücklich ist, dann nicht, weil er keine Arbeit hat, sondern weil er kein Geld hat. »Auch Arbeitslosigkeit ist eine Chance«, sagt Mila Zoufall, gelernte Kellnerin und Mitglied der Gruppe. » Man kann etwas anderes mit seinem Leben anfangen, als 40 Jahre lang arbeiten zu gehen.«

»Stütze« trotz Sabbatical

»Bezahlten Langzeiturlaub für Arbeitslose auf Kosten der Beitragszahler gibt es nicht«, heißt es im Arbeitsministerium entschieden. Als Arbeitssuchender mit Anspruch auf Unterstützung wird von Ihnen verlangt, ständig für ein Bewerbungsgespräch abrufbar zu sein. Laut Gesetz haben Sie sich bis auf drei Wochen Urlaub pro Jahr an Ihrem Wohnort aufzuhalten und müssen unter Ihrer Adresse erreichbar sein. Neben der Residenzpflicht gibt es noch die Meldepflicht. Alle drei Monate müssen Sie sich unaufgefordert im Amt melden, wo Ihr Status wieder neu überprüft wird. Wer länger als drei Wochen weg ist, erhält erst wieder nach der Rückkehr Arbeitslosengeld oder -hilfe.

Im Zeitalter der Handys, e-mails und Flugzeuge verbinden einige Arbeitslose jedoch das Notwendige mit dem Angenehmen. Wer sich nicht gerade auf den Salomon-Inseln befindet, dem dürfte es nicht allzu schwer fallen, nach einem Anruf innerhalb eines Tages wieder beim zuständigen Menschen vom Amt auf der Matte zu stehen. Dem erzählt man jedoch besser nicht, daß die letzte Bewerbung vielleicht den Poststempel von Istanbul trug.

Einen weiteren Freiraum bietet Europa. Als EU-Angehöriger kann man in jedem europäischen Land Arbeit suchen. Dazu gehören übrigens auch die französischen Staatsgebiete Guadaloupe, Guayana, Martinique und La Réunion. Wer sich also in einem Cottage in Irland oder einer Finca in Spanien um einen Job vor Ort bemüht, dem zahlt das Heimatland drei Monate lang sein Arbeitslosengeld weiter.

Wer vergißt, sein Sabbatical beim Arbeitsamt an- und sich damit abzumelden, bei dem wird rückwirkend die Bewilligung der Leistung aufgehoben. Er verliert bei der Rückkehr nicht die Anwartschaft auf sein Geld, muß seine Ansprüche aber von den Beamten überprüfen lassen.

Wichtig für ewige Weltenbummler: Ab vier Jahren Abwesenheit verfällt für jeden der Anspruch auf Arbeitslosenunterstützung – egal, wieviel und wie lange vorher Beiträge gezahlt wurden.

Mit 9:8 gegen die Arbeitslosigkeit

Langzeiturlaub ist beileibe keine Luxusveranstaltung für gelangweilte Spitzenverdiener, die den ganzen Tag in terracottafarbenen Lofts sitzen, wo man lieber Prosecco als Kaffee trinkt und jede Ansammlung von mehr als zwei Leuten ein »Meeting« nennt. Nein, Langzeiturlaub ist eine handfeste Maßnahme für jedermann – von der Kindergärtnerin bis zum Facharbeiter. Und er ist ein wirksames Mittel gegen Arbeitslosigkeit.

Das hat, neben vielen anderen, selbst Norbert Blüm erkannt. Der ehemalige Bundesarbeitsminister, der sich mit seiner Teilzeit-Diskussion an den Werkbänken und Schreibtischen nicht nur Freunde gemacht hat, plädierte schon vor 15 Jahren für die Einführung eines sogenannten Sabbat-Jahres. Selbst in der eigenen Partei stieß er damit oft auf Ablehnung: Ein CDU-Mitglied empfand die innovative Idee als »Beleidigung der Arbeitnehmer, die um ihren Arbeitsplatz bangen«. 1993 schob Blüm dann nach: »Wir müssen die Massenarbeitslosigkeit mit mehr Phantasie bekämpfen: Einen Teil der Urlaubsansprüche ansparen und dann mal für ein halbes Jahr oder länger Pause einlegen. Das schafft auch freie Arbeitsplätze für Arbeitslose.« In diesem Punkt hatte der Mann ausnahmsweise recht. Selbst ein gestandener Gewerkschaftler wie Detlef Hensche, Vorsitzender der IG Medien, beklagt mittlerweile den »kaum erträglichen Widerspruch, daß unser gegenwärtiges Arbeitssystem auf der einen Seite Vollzeitbeschäftigte daran hindert, ihren Wunsch nach individuell kürzeren Arbeitszeiten zu erfüllen, also Arbeitszeit abzutreten, und auf der anderen Seite Millionen von Menschen gegen ihren Willen von der Arbeit aussperrt«.

Die Holländer, fortschrittlich wie immer, haben erkannt, welche Möglichkeiten zur Bekämpfung der Arbeitslosigkeit das Sabbatical bietet. Im letzten Jahr verabschiedete das niederländische Parlament ein neues Gesetz, das Aussteigewilligen einen Langzeiturlaub finanziert, indem es parallel dazu Arbeitslosen einen Wiedereinstieg in den Job bietet. Rund 56 000 Holländer, so schätzt die Regierung, werden jährlich eine solche Berufspause einlegen – und ebensoviele Arbeitslose können in die Arbeitswelt integriert werden.

In Deutschland machte sich ausgerechnet der Öffentliche Dienst dafür stark, Sabbaticals als arbeitsplatzschaffende Form der Teilzeitarbeit einzuführen. Blüms Arbeitsministerium entwarf schließlich das neue Arbeitsteilzeitgesetz, das im Mai 1997 vom Kabinett verabschiedet wurde und die flankierenden Maßnahmen für Langzeiturlaube regelt.

Wie die schöne Idee »Mehr Stellen durch Ausstieg auf Zeit« in der Praxis funktionieren kann, hat der Arbeitszeitberater Dr. Andreas Hoff in einem Gutachten zur »Arbeitsumverteilung auf der betrieblichen Ebene« durchgerechnet. Darin kommt er zu dem Schluß, daß das Kurz-Sabbatical die sinnvollste wie machbarste Möglichkeit langfristiger Arbeitsplatzteilung ist. Konkret sieht sein Modell, das bereits bei der Berliner Senatsverwaltung für Arbeit und Frauen praktiziert wird, folgendermaßen aus: Nach zwei Jahren Arbeit nehmen die Mitarbeiter ein Kalenderquartal, also drei Monate, bezahlten Urlaub. »Man kennt die Kollegen noch, wenn man zurückkommt«, so der »Teilzeit-Papst« Hoff, »und die Gehaltseinbußen sind relativ gering.« Das Bruttogehalt verringert sich um $1/9$ auf 89 % des ursprünglichen Gehalts, was im Schnitt einen Netto-Verlust von etwa 9 % ausmacht. Je nach Familienstand fehlen bei hoher Steuerbelastung sogar nur 2,7 bis 4 % Einkommen.

Der Clou: Durch das Rotationsprinzip entsteht bei acht Arbeitsplätzen mit Sabbatical-Anspruch genug Vertretungszeit, um einen weiteren Menschen einzustellen. Bei diesem »9:8-Modell« – neun Mitarbeiter auf acht Stellen – besteht nicht mehr das Problem wie bei der leidigen Teilzeit-Diskussion, einen Arbeitsplatz durch zwei teilen zu müssen, was in der Praxis oft unmöglich ist. Außerdem haftet diesem Modell nicht das Vorurteil »Teilzeitarbeit = halbes Engagement« an, und es spielt sich nicht nur in der meist weniger qualifizierten »Teilzeit-Ecke« ab, in der leider noch zu 90 % Frauen beschäftigt sind. Denn eine Urlaubs- und Arbeitsregelung, die auch wichtige Vorgesetzte gerne in Anspruch nehmen, wird sich in den Firmen konsequenter durchsetzen. »Es funktioniert für eine Schichtarbeiterin ebenso wie für einen Teilzeit-Verkäufer im Einzelhandel, einen Verwaltungsmitarbeiter in Gleitzeit und auch im Management«, weiß der Erfinder des Kurz-Sabbaticals. »Es kann im Großunternehmen genauso praktiziert werden wie im Kleinbetrieb.«

Die Kosten dieses Modells sind für den Arbeitgeber allenfalls gering und entstehen höchstens durch Wiedereinarbeitung und laufende Fortbildung der neueinzustellenden Mitarbeiter, Freistellung eines Betriebsratsmitglieds bei zunehmender Beschäftigtenzahl und mehr Personaleinsatzplanung plus Verwaltungskosten.

Da durch geregelte Sabbaticals jedoch neue Arbeitsplätze entstehen, schießt Vater Staat Geld in die gute Sache: Für jeden neu eingestellten Arbeitslosen bis zu 20% Lohnzuschuß und 90% zur Sozialversicherung. Die Firma profitiert aber auch in den Bereichen, die man nicht nur mit dem Taschenrechner kalkulieren kann. Laut Dr. Andreas Hoff sind das

- eine verbesserte Motivation der Mitarbeiter, die vielleicht nicht nur mit neuer Energie, sondern auch mit neuen Ideen in den Betrieb zurückkehren;
- eine verbesserte Qualifikation, z. B. durch neue Sprachkenntnisse;
- höhere Einsatzflexibilität der Belegschaft, die sich auf die Vertretungszeit einstellen lernt;
- geringere Kosten der Personalentwicklung, wenn Mitarbeiter Kurzsabbaticals zur Weiterbildung nutzen;
- und last but not least: ein besseres Firmen-Image und damit ein interessanteres Profil in der Wirtschaft. Schließlich berücksichtigt der Betrieb die Wünsche seiner Mitarbeiter und tut etwas gegen die Massenarbeitslosigkeit.

Daß Sabbaticals einen Konzern sogar kurzfristig aus der Krise führen können und dennoch Arbeitsplätze erhalten, hat die Lufthansa Anfang der neunziger Jahre gezeigt: Den Mitarbeitern, die das Unternehmen langfristig nicht verlieren wollte, gewährte es unbezahlten Urlaub auf Zeit. Der Erfolg: Von den 8000 Beschäftigungsjahren, die von Ende 1992 bis Ende 1994 eingespart wurden, waren gut ein Viertel Sabbaticals.

Kein Wunder, daß daher auch eine aktuelle Studie über »Erwerbstätigkeit und Arbeitslosigkeit in Deutschland – Entwicklung, Ursachen und Maßnahmen« von der Kommission für Zukunftsfragen der Freistaaten Bayern und Sachsen unter anderem zu dem Punkt kommt: »Weniger Engagement in der Erwerbsarbeit bedeutet mehr Lebensfreude und mehr Lebensqualität außerhalb der Erwerbsarbeit und möglicherweise sogar bei der Erwerbsarbeit. Und weniger Engagement in der Erwerbsarbeit ermöglicht Freiräume für Tätigkeiten außerhalb der Erwerbsarbeit. Dies ist eine nachhaltige Bewegung, die man durchaus ernst nehmen sollte. Es handelt sich um eine Entwicklung, die zur Problemlösung durchaus etwas beitragen kann.«

Die beste Rentenversicherung

In den Statistiken tauchen sie zwar nicht auf, aber indirekt zählen auch sie als Arbeitslose: Frühpensionierte, die vorzeitig in den Ruhestand entlassen wurden. Dem Klischee des glücklichen Rentners, der fortan seinen Hobbys nachgeht oder mit Frau Gemahlin rüstig um die Welt reist, entsprechen leider nur die wenigsten. Noch 20 Jahre (je nach Lebenserwartung) ohne Stechuhr, Kollegen und Kantine – für den, der immer nur gelebt hat, um zu arbeiten, kann diese Aussicht beängstigend sein. Und wer »Ferien« stets nur als vorgebuchte, verwaltete und rundum abgesicherte Angelegenheit mit Rückerstattungsanspruch erlebt hat, kommt mit der plötzlichen Dauer-Freizeit auch im vermeintlichen Urlaubsparadies bisweilen schlecht zurecht.

Auf Mallorca, wo mittlerweile rund 80 000 Bundesbürger überwintern, zeigen sich die Auswüchse am extremsten. Dort hat der evangelische Pfarrer Heiner Süselbeck mittlerweile eine Selbsthilfegruppe für Anonyme Alkoholiker gegründet: Der Geistliche sorgt sich um »die Langzeiturlauber, überwiegend einsame ältere Leute, von denen erschreckend viele anfällig für Alkoholprobleme sind«.

Unter 50 macht sich sicher noch niemand ernsthafte Gedanken über die sinnvolle Gestaltung seines Lebensabends. Völlig zu Recht. Aber man sollte sich möglichst schon vorher Gedanken über ein Sabbatical machen. Denn wer nach einer langen Berufslaufbahn nicht nur auf vier Gehaltserhöhungen und zwei Beförderungen, sondern auch auf seinen ganz persönlichen Ausstieg auf Zeit zurückblikken kann, hat wahrscheinlich intensiver und lustvoller als andere erlebt, daß das Leben nicht nur in der Zeit zwischen 9 und 17 Uhr an einem Ort stattfindet, wo man sich mit »Mahlzeit« grüßt. Mit diesem Erfahrungsschatz läßt es sich besser »in Pension« gehen als mit jeder Rentenversicherung.

Ohne Moos nichts los?

Aussteigen mit wenig Geld

> Geh fort aus Salton City und fang an zu reisen. Du
> wirst staunen, was es alles zu sehen gibt, und Du wirst
> Leute kennenlernen, von denen man eine Menge
> lernen kann. Aber mach es ohne viel Geld, keine
> Motels, und Dein Essen kochst Du Dir selbst. Je
> weniger Du ausgibst, desto höher ist der Erlebniswert.
> Geh einfach raus und tu's. Du wirst noch sehr, sehr
> froh drüber sein.
>
> Christopher McCandless, Wildnis-Wanderer und
> Aussteiger, in einem Brief an einen Freund (1992)

Wer aussteigt, wird nicht arm

Einer der größten Irrglauben heißt: Aussteigen auf Zeit kostet Geld.
Zumindest kostet es viel weniger, als man meint. Die scharf kombi-
nierte Überlegung »in vier Wochen Urlaub verbrate ich locker 5000
Mark, also brauche ich für sechs Monate 30 000 Mark« ist eine
Milchmädchenrechnung. Wer so denkt, vergißt außerdem, daß sein
ganz normales Leben zu Hause mit horrenden Mieten, Autorepara-
turen und Handwerkern wegfällt. Es gibt wohl kaum ein Dasein, das
auf Dauer mehr Bares verschlingt als die erwerbstätige Existenz in
einer westlichen Groß- oder Kleinstadt. Dagegen ist die Finanzierung eines Sabbaticals schon fast ein Betrag aus der Kaffeekasse.
    Natürlich gibt es auch unerschwingliche Träume. Aber selbst zu
deren Erfüllung führt manchmal ein Weg. Der Computerunternehmer Michael Poliza, der seit August 1998 auf einem Forschungs-
schiff mit einer Crew von Wissenschaftlern, Abenteurern und
Medienleuten die letzten Winkel der Erde erkundet, konnte zwar
immerhin seine Firma verkaufen, um einen Teil des rund fünf Millionen Mark teuren Projekts zu finanzieren. Für den Rest fand der cle-
vere Geschäftsmann jedoch Sponsoren. Aber auch ohne ein kleines
Vermögen konnten andere Aussteiger gemeinsam mit Poliza auf

Tour gehen: Per Internet suchte der Hamburger begeisterte Crewmitglieder – die genauso wie er exotische Tiere filmen und an einsamen Inseln ankern, aber nicht die Last der Organisation und Finanzierung zu tragen haben.

»Ich kenne Menschen, die nur von ihren Zinsen leben könnten«, sagt Michael Poliza, »und die sich trotzdem vor lauter Sicherheitsbedürfnis nicht auf einen Trip trauen.«

Meist sind es gerade nicht die Einkommensmillionäre, die sich eine unbezahlte Pause vom Job gönnen. Ob Lehrer, ob Heilpädagogin, ob freier Journalist oder Krankenschwester: Deutsche SabbatJünger sind keine überdurchschnittlichen Spitzenverdiener und so gut wie nie in den Genuß einer Erbschaft oder eines Lottogewinns gekommen. Sie gaben für ihren Ausstieg in der Regel zwischen 5000 und 50 000 Mark aus – für eine Zeit nicht unter sechs Monaten. Je länger es dauerte, desto billiger wurde es im Schnitt. Wer über zwei Jahre lang jeden Monat 500 Mark beiseite legen kann, hat damit genug auf der hohen Kante, um davon mindestens ein halbes Jahr lang sorgenfrei zu leben – natürlich nicht zu Hause mit allen alten Hobbys und Lebensgewohnheiten.

Die erste Überlegung in punkto Geld ist daher nicht »Was kostet mich der Spaß und wo bekomme ich die Kohle bloß her?«, sondern »Wie reduziere ich meine laufenden Kosten daheim?« Das heißt: Auto abmelden, Wohnung untervermieten, Abonnements und Mitgliedschaften in Vereinen etc. kündigen, Versicherungen ruhen lassen usw. (praktische Hinweise dazu finden Sie ab Seite 127). Wer alle diese Punkte berücksichtigt und keine bombastischen Unterhaltsverpflichtungen oder Hypotheken hat, kann seine laufenden Kosten gegen Null reduzieren. Damit ist die eigentliche und größte finanzielle Last beseitigt.

Was Sie darüber hinaus während des Sabbaticals ausgeben wollen, ist Ihnen völlig freigestellt und hängt allein davon ab, was Sie während der freien Zeit alles vorhaben.

Möglichkeiten, Geld zu sparen

Wer sagt, daß Sie das Ganze überhaupt etwas kosten muß? Der Versuch lohnt sich, einen Ernährer für die Zeit ohne Einkommen zu finden. Es gibt Entwicklungsdienste, die Mediziner, Ingenieure und Handwerker für ein ordentliches Monatsgehalt nach Übersee schikken. Es gibt Öko-Organisationen und soziale Dienste, mit denen man in anderen Ländern Sinnvolles tun kann und Verpflegung, Unterkunft und Taschengeld erhält. Es gibt Stipendien und Auslandspraktika von Berufsverbänden, Stiftungen und Institutionen. Es gibt das weltweite Netz der WWOOFer, *Willing Workers on Organic Farms*, wo man gegen Kost und Logis auf Bio-Bauernhöfen aushelfen kann – ob in Australien, in den Ardennen oder in Amerika.

Außerdem besteht immer in jedem Land die Möglichkeit, eine Zeitlang zu jobben (genaue Infos zu diesen Punkten finden Sie ab Seite 101). Langzeitsegler, denen unterwegs das Geld knapp wird, heuern zum Beispiel in der Karibik als Charterkapitäne oder bei Hotels als Surf- und Segellehrer an. Sobald die Bordkasse voll ist, geht es wieder auf See. Selbst einem Bankkaufmann, der niemals seine Karriere gegen eine Laufbahn am Tresen von Burger King eintauschen würde, kann es Spaß machen und gut tun, zur Abwechslung in einem Fast-Food-Restaurant in Tokio undefinierbare Fischklopse zu servieren.

Gerade die Erfolgsverwöhnten, die trotz satten Monatsgehalts wenig Sinn in ihrer Tätigkeit sehen, kehren durch ein wenig Arbeit »ganz unten« geläutert zurück. Es muß ja nicht gerade Latrinenputzen in Kalkutta sein. Aber wer freiwillig für eine absehbare Zeit einer handfesten Tätigkeit nachgeht, die einen weder unter Kreativitätsdruck setzt noch ein besonderes Prestige verspricht, stellt fest, daß dieser Ausflug in eine andere Existenz mitunter bescheiden und sehr zufrieden macht. »Ich weiß, was ich zu tun habe, und es gibt nicht viel zu überlegen, weil's einfach nötig ist. Das habe ich als irrsinnige Erleichterung empfunden«, beschreibt eine Restauratorin im »Handbuch Alp« ihre Saisonarbeit als Sennerin auf einer Schweizer Alm. Ein solches Sabbatical kann man zu den besten Erfahrungen überhaupt zählen.

Weniger ist mehr

Wer weder Lust auf Bäumepflanzen noch Tellerwaschen hat und auch nicht davon träumt, endlich mal drei Monate lang den Keller aufzuräumen oder frühzeitig seine Memoiren zu schreiben, wird wahrscheinlich das tun, was die meisten Aussteiger auf Zeit am liebsten machen: Verreisen. Erstaunlicherweise braucht man ausgerechnet dafür das wenigste Geld. Denn selbst wer nonstop am Stück Pauschalreisen in alle Welt bucht, stellte das Magazin der Süddeutschen Zeitung unlängst fest, kommt noch billig dabei weg: »Ein Jahr unterwegs ist günstiger als zu Hause bleiben.« 12 Monate Thailand-Urlaub inklusive Essen und Wohnen, so rechnete es der Stern vor, kosten »ein durchschnittliches Arbeitslosen-Netto-Gehalt« – nämlich unter 16 000 Mark. Und die Zeitschrift Prinz versprach: »Wer 10 000 Mark auf der Kante hat, kann für ein Jahr aussteigen.«

Erprobte Globetrotter, Survival-Künstler und Rucksackreisende kennen die Faustregel: Vom organisierten Tourismus fernhalten und stets die preiswertere bzw. ursprünglichere Variante wählen, egal, ob es sich um Unterkunft, Essen oder Fortbewegungsmittel handelt. Wer seinen Jahresurlaub bisher nur in Mittelklassehotels mit Vollpension verbracht hat, kann sich wahrscheinlich kaum vorstellen, daß man an vielen schönen Orten dieser Welt für fünf US-Dollar eine passable Unterkunft und für einen Dollar ein leckeres Abendessen bekommt. Das teuerste an einem längeren Aufenthalt in Ländern der sogenannten Dritten Welt ist tatsächlich nur der Flug dorthin. In einem Land wie Burma wird es schon schwer, mehr als umgerechnet 20 Mark pro Woche loszuwerden. »Selbst Leute, die sich sonst nicht mal einen Kurztrip nach Paris gönnen«, stellt der Reisebuch-Autor Rick Steves (»Rick Steves' Europe Through the Back Door 1998«) treffend fest, »könnten ihr Auto verkaufen und davon zwei Jahre lang in der Türkei oder vielen Teilen Asiens leben.«

Daß man auf diese Weise nicht nur Unmengen spart, sondern sehr viel mehr von Land und Leuten erfährt, kann jeder Langzeit-Weltreisende bezeugen. Selbst manch Otto Normaltourist hat auf seiner Teneriffa-alles-inklusive-Tour festgestellt, daß der tollste Tag im Urlaub eigentlich der war, als der Mietwagen auf einer einsamen Bergstraße liegenblieb, er mit seiner Frau per Anhalter ins nächste Dorf trampen mußte, von einem kauzigen Bauern mitgenommen wurde, auf der Ladefläche des Lasters zwischen gackernden Hühnern saß, im Dorf dann gleich zu einer Hochzeitsfeier mitgeschleppt wurde, vom selbstgebrannten Schnaps trank, seine Frau den Ententanz vorführte ... usw. Fazit: Hätten die zwei sich gleich fürs Trampen statt für TUI entschieden, wäre vielleicht jeder Abend so lustig geworden.

Es klingt paradox, ist aber eine der simpelsten Sabbatical-Weisheiten überhaupt: Je weniger man für den Trip ins Ungewisse ausgibt, desto bereichernder wird er.

Vergessen Sie Ihre bisherigen Vorstellungen vom »Traumurlaub«. 20 Wochen Club Med auf den Malediven sind nicht nur unerschwinglich, sondern im Zweifelsfall sterbenslangweilig. Es klingt klischeehaft, ist beim Reisen aber wahr: Luxus bereichert unterwegs nicht, sondern beschränkt, was Eindrücke, Erlebnisse und Kontakte angeht.

Beispiel Unterkunft: Im Vergleich zu den lebhaften Backpacker-Hostels (billige Herbergen für Rucksackreisende, die sich von Neuseeland bis Afrika auf jedem Kontinent finden und ideale Kontaktbörsen sind) kommt ein Fünf-Sterne-Hotel ungefähr so locker daher wie ein Lungensanatorium. Aber nicht jeder steht auf spaghettiverkrustete Gemeinschaftsküchen und biertrinkende Surfer, die nachts um 3 Uhr noch feiern wollen.

Wer sich lieber in die Natur zurückzieht, stellt ebenfalls fest: Eine kostenlose Nacht im Zelt in der Wildnis ist unendlich abenteuerlicher als das klimatisierte Zimmer in der teuren Safari-Lodge. Das Motto »weniger ist mehr« gilt genauso für Essen, Land und Leute – ohne Schnorrerei auf Kosten der Einheimischen. Die Märkte Asiens, Afrikas und Lateinamerikas sind ein einziges Fest für die Sinne, die frisch zubereiteten Gerichte aus den Garküchen schmecken besser und sind in der Regel gesünder als die Einheitsmenus der Touristenhotels. Jeder Arzt kann bestätigen, daß die Erreger übler Reise-Durchfälle wie »Montezumas Rache« öfter aus unhygienischen Hotelgroßküchen denn aus kleinen Schnellrestaurants stammen.

Leider sind die Billig-Fernziele meist sozial schwache Regionen. Nicht jeder fühlt sich als Tourist inmitten ungerechter politischer Verhältnisse und sichtbarer Armut wohl. Tropische Hitze und die Verständigung per Gebärdensprache sind ebenfalls nicht jedermans Sache. Reiche Länder und billiges Reisen schließen sich zum Glück nicht aus. Entscheidend ist nur, wie man es macht. Die preiswerteste und oft schönste Variante in westlichen Ländern ist der Rückzug in die Natur. Wer zum Beispiel mit dem eigenen Kanu über schwedische Seen paddelt und sich von mitgebrachtem Proviant und selbstgefangenem Fisch ernährt, kommt selbst im teuren Skandinavien wochenlang mit Minimalbeträgen aus. Und auch das Kommerzland USA bietet traumhafte Nischen: Etliche Amerikaner wandern ihr Sabbatical auf dem mehrere tausend Kilometer langen Appalachen-Pfad ab, der sich durch die Mittelsgebirgskette des Kontinents zieht. Bis auf die Grundnahrungsmittel geben sie höchstens Geld für ein paar neue Wanderschuhe aus. Extremisten schließen sich sogar für einige Zeit den »Hobos« an – heimatlosen Wanderarbeitern, die auf Lastwagenzüge springen und damit umsonst über Land fahren.

Daß ein selbstgewähltes Landstreicherleben ohne einen Pfennig in der Tasche auch hierzulande zum Erlebnis werden kann, hat der ehemalige Zeit-Reporter Michael Holzach bewiesen. »Deutschland umsonst – Zu Fuß und ohne Geld durch ein Wohlstandsland« heißt das hervorragende Buch über die manchmal mühsame, oft unerwartet komische sechsmonatige Odyssee des Autors im Jahre 1980 von Hamburg bis zum Bodensee. Holzach hatte schon zuvor einen Ausstieg auf Zeit gewagt: Er verbrachte ein Jahr bei den strenggläubigen Hutterern in Kanada. Die Möglichkeit, in eine um Jahrhunderte zurückgebliebene Welt einzutauchen, kostete ihn nicht mehr als ein Flugticket, aber veränderte sein Leben nachhaltig.

Damit keine Mißverständnisse entstehen: Es geht hier nicht darum, Armut zu verklären und im Urlaub ein bißchen Mutter Teresa zu spielen. Abgesehen davon, daß sich durch jede Mark, die Sie sparen, Ihr Sabbatical um ein paar Stunden verlängern läßt, ist der Sinn und Zweck des Ganzen, daß Sie soweit wie möglich von Ihrer Aussteigerzeit profitieren. Und dazu gehört vor allem, sich auf Ungewohntes einzulassen. Warum also nicht das Abenteuer wagen, eine Zeitlang ganz bewußt auf alles Überflüssige zu verzichten, was man sonst scheinbar zum Leben braucht? Wir verbringen schließlich neben der Arbeit die meiste Zeit damit, vom neuen Auto bis zum größeren Haus möglichst viele Dinge in unserem Leben anzuhäufen und sich dann darum zu kümmern.

Für manchen kann es einer kleinen Erleuchtung gleichkommen, daß es eine mögliche Existenz jenseits von Bausparverträgen und

20 000 Mark teuren Einbauküchen gibt – und daß sie eine Lebensqualität besitzt, die man nicht kaufen kann. »Das Thema Geld ist vorher oft eine Last gewesen«, bestätigt der Hamburger Journalist Arne Boecker, der ein Jahr lang durch mehrere Kontinente reiste. »Es ist eine Befreiung, wenn man feststellt, wie wenig man wirklich braucht.«

Wer nicht nur das sparsame Reisen entdeckt, sondern danach auch zu Hause mit weniger auskommt, profitiert in doppelter Hinsicht. So wie die Berliner Klaus und Claudia Schulze, die seit ihrem ersten Austieg 1991 jeweils ein halbes Jahr in ihrer eigenen Versicherungsagentur arbeiten und anschließend für den Rest des Jahres rund um die Welt segeln. Ihr Motto: »Wir entscheiden uns für 50 % weniger Geld, dafür aber 100 % mehr Lebensqualität.«

Wo will ich hin, was kann ich tun?

Ideen und Inspirationen für die freie Zeit

Wie ein Käse mit vielen Löchern

Erinnern Sie sich an Ihren letzten Urlaub und multiplizieren Sie ihn mit sechs. Was kommt dabei heraus? Garantiert nicht Ihr geplantes Sabbatical! Denn ein Ausstieg auf Zeit ist mehr als nur verlängerte Ferien oder ein Pauschalurlaub mit Open-end. Es ist die spannendste Reise zu sich selbst. Der Weg zählt dabei mehr als das Ziel.

Der beste Ausstieg auf Zeit entsteht dann, so hat die amerikanische Sabbatical-Expertin Hope Duglozima festgestellt, wenn der größtmögliche Kontrast zum normalen, bisherigen Leben hergestellt wird. Ein Informatiker sollte demnach sein Sabbatical nicht zu Hause mit der Erfindung eines neuen Computerspiels verbringen, sondern sich beispielsweise lieber zum Brotbacken in eine Öko-Kommune begeben. Dlugozimas Kredo: »Lerne Dich so kennen, wie Du es noch nie getan hast.«

Dafür muß man sich noch lange nicht kreuz und quer über den Globus bewegen und die letzten weißen Flecken im Atlas abklappern – auch wenn das die meisten Aussteiger auf Zeit am liebsten tun. Wer sich über Monate ausschließlich der befriedigenden Aufgabe widmet, einen Hausacker samt Gemüsegarten anzulegen oder den ersten eigenen Wein zu züchten, hat ein Sabbatical verbracht, von dem er lange zehren wird – spätestens, wenn die nächste Ernte fällig ist. Und wer sich ein Jahr lang zum Vogelbeobachten auf eine einsame Nordseeinsel zurückzieht, erlebt wahrscheinlich tiefere Bewußtseinserweiterungen als der Spät-Hippie, der in Goa den Rekord zum Dauer-Kiffen anstrebt.

Der bereits erwähnte Michael Holzach (»Deutschland umsonst«) bewies auf seiner Wanderung durch die Bundesrepublik, daß die wahren Abenteuer nicht unbedingt etwas mit Exotik zu tun haben, sondern allein mit Veränderung. Und die kann sehr verschieden aussehen – und manchmal sehr unspektakulär sein.

Seien Sie bei allen psychologischen und praktischen Überlegungen aber nicht zu hart mit sich selbst. Sie begeben sich schließlich nicht in Therapie, sondern wollen auch ein bißchen Spaß haben. Wahrscheinlich sogar eine ganze Menge. Daher lautet die naheliegendste Frage bei der Suche nach dem passenden Sabbatical einfach nur: »Was macht mich glücklich?« Wollen Sie Ihren geistigen oder akademischen Horizont erweitern? Sind Sie am liebsten in der freien Natur? Zieht es Sie ins Großstadtleben einer Metropole wie New York oder eher in eine esoterische Gemeinschaft auf Lanzarote? Gibt es ein Land, das Sie schon immer fasziniert hat, oder ein Hobby, das sie vertiefen möchten? Wollen Sie anderen helfen und etwas Sinnvolles tun?

Vielleicht hilft es, wenn Sie sich Ihre Träume der letzten Jahre und Jahrzehnte noch mal ins Gedächtnis rufen – und seien es spätpubertäre Anflüge oder die Ideale Ihrer Studentenzeit, die beim Gang durch die Instanzen langsam verlorengingen. Meistens vergißt man nämlich nach einiger Zeit des rationalen Verdrängens, wonach man sich insgeheim einmal gesehnt hat. Und sich wahrscheinlich tief im Inneren noch immer sehnt. Dieses Knäuel aus heruntergeschluckten Träumen, verwegenen Ideen und verborgenen Sehnsüchten entrollt sich meistens erst im Laufe eines Sabbaticals. Aber wenn Sie bereits einen Faden davon zu fassen kriegen, dann sollten Sie dieser Spur möglichst folgen, und kommt sie Ihnen noch so albern oder abgedriftet vor. Messen Sie Ihre Pläne nicht an den Maßstäben der Umgebung, die Sie schließlich für längere Zeit hinter sich lassen wollen. Orientieren Sie sich lieber an einer drastischen Vorstellung: Sie haben nur noch ein Jahr zu leben – was würden Sie tun? Oder: Sie liegen auf dem Sterbebett – was bedauern Sie, in Ihrem Leben nicht getan und erlebt zu haben?

Auch wenn Ihnen jetzt vielleicht eine ganze Liste von A wie »Atlantiküberquerung im Einhandsegler« bis Z wie »Zucchinis züchten« einfällt, sollten Sie sich in Ihrem Sabbatical nicht mit Aktivitäten zuschütten. Sinn und Zweck des Ganzen ist ja, nicht mehr einer geplanten Struktur und äußeren Zwängen folgen zu müssen, sondern sich einfach treiben zu lassen – räumlich wie zeitlich.

Der Münchener Professor für Wirtschaftspädogogik Karlheinz Geißler, der für die »Entschleunigung des Lebens« plädiert, rät daher, das Sabbatical wie einen Schweizer Käse zu planen: »Feste Strukturen und viele Löcher«. Wenn Sie Ihr Sabbatical zum Beispiel in Asien verbringen wollen und sich außerdem für fernöstliche Heilpraktiken interessieren, dann könnten Sie Ihre Zeit mit einem Massagekurs an einer Klinik in Thailand beginnen und anschließend sehen, wohin Sie die Kontakte und Erfahrungen aus dieser Zeit weitertragen. Vielleicht machen Sie zwischendrin einen Tauchkurs auf den Philippinen und bauen zum Abschluß noch eine einwöchige Schweigemeditation in einem buddhistischen Kloster mit ein.

All das können Sie auch unterwegs oder kurzfristig vor Ort entscheiden. Denn jeder, der ein Sabbatical hinter sich hat, weiß, daß zuviel Organisation sich ohnehin erübrigt. Spätestens nach ein paar Wochen wirft man den Großteil der zu Hause gefaßten Pläne über den Haufen und genießt die grenzenlose Freiheit, sich spontan von einem Tag auf den anderen für etwas völlig Neues entscheiden zu können. Alle Aussteiger auf Zeit haben rückblickend festgestellt, daß sie in den Monaten, die sie weg waren, mehr erlebt und gemacht haben als in den Jahren davor und danach. Aus dem geplanten seligen Nichtstun wurde oft die aktivste Zeit des Lebens. »Ich hätte mich auch einfach elf Monate an den Strand legen können«, meint der Headhunter und Kanada-Reisende Eric Ewald, »aber man lernt, mit der Freiheit verantwortungsvoll umzugehen.«

Für all die, die während des Sabbaticals reisen wollen, ist der Trip durch die Welt schon Programm genug. Aber auch hier gilt als Faustregel: Je zivilisierter, westlicher und erschlossener die Region, in der man sich bewegt, desto schneller wird das Reisen allein auf Dauer einseitig und langweilig. Optimal ist daher eine Kombination aus bestimmten Projekten, Jobs oder sinnvollen Tätigkeiten, zwischen denen man dann wieder unterwegs ist. Jeder Abstecher in eine andere Existenz oder Aufgabe ergänzt das Touri-Leben optimal. »Die ganze Zeit nichts tun – da zerbröselt dir das Gehirn«, stellte auch Musikpromoter Reto Bühler beim einjährigen Urlaub auf einer Insel vor Venezuela fest. Er lernte jeden Tag drei Stunden Spanisch.

Ein wenig Inspiration vorweg kann also sicher nicht schaden. So viel Zeit, so wenig Ideen? Auf den folgenden Seiten finden Sie einige Vorschläge.

Stille Einkehr

Wer Abgeschiedenheit und Reizarmut sucht, zur Askese und Besinnung fähig ist und den Weg nach innen nicht scheut, sollte es mit Ferien hinter Klostermauern versuchen – unabhängig von der Konfession, der man angehört. Diese letzte Bastion der Ruhe ist mittlerweile unter gestreßten Managern und Workaholics zum beliebten Fluchtpunkt geworden. Selbst Campino von den »Toten Hosen« und Fernsehmoderatorin Arabella Kiesbauer waren schon zu Gast bei den frommen Brüdern und Schwestern. Denn kaum ein anderer Ort vermittelt so viel Besinnung, Einklang und Zuversicht wie ein Kloster: Balsam für gehetzte Seelen – Atheisten natürlich eingeschlossen.

Die meisten deutschen Ordensgemeinschaften nehmen gerne Gäste auf und bieten eine Vielzahl geistlicher Genüsse – von Möglichkeiten zu Exerzitien über die Diskussion von Glaubensfragen bis hin zu Workshops. Die Gäste werden zum Teil mit in den klösterlichen Tagesablauf eingebunden. Wer sich einfach nur ungestört in seine Kemenate zurückziehen will, ist an vielen Orten ebenfalls willkommen. Es gibt entweder die Möglichkeit mitzuarbeiten oder statt dessen eine Spende oder einen angemessenen Tagessatz zu entrichten. Die Unterkunft ist schlicht, das Essen einfach. Rauchen und Alkohol sind unerwünscht, Fernsehen gibt's meistens nur für die Mönche und Nonnen.

Zum Weiterlesen und -suchen empfiehlt sich:

- »Der große Klosterführer« von Gerald Drews und Sonja Böhmer (Augsburg 1998, 39,90 Mark), der rund 800 Betstätten auflistet – vom koptisch-orthodoxen Heim bis zu Franziskanern oder Benediktinerinnen.
- »Klosterführer Deutschland, Österreich, Schweiz« von Gerhard Schindler (München 1994, 14,90 Mark).

In der Broschüre »Kloster auf Zeit« der Vereinigung Deutscher Ordensoberen finden sich 300 katholische Adressen:

Vereinigung Deutscher Ordensoberen
Am Knöcklein 13
96049 Bamberg
Tel.: 0951/510 15
Fax: 0951/510 17

Informationen über Einrichtungen der Evangelischen Kirche:

Kirchenamt der EKD
Herrenhäuser Str. 12
30419 Hannover
Tel.: 0511/27 96-0
Fax: 0511/27 96-722
e-Mail: ekd@ekd.de

Wem Buddha und Krishna näher sind als Papst & Co., fühlt sich vielleicht eher von fernöstlichen Glaubensrichtungen angesprochen. Neben den laufenden Meditationskursen, die von vielen Religionen, Sekten und Vereinen in fast jeder Stadt angeboten werden, gibt es auch Meditations- und Studienzentren, in die man sich zurückziehen kann, um sich mit Yoga, Meditation und der Lehre Buddhas zu beschäftigen.

Das Buddha-Haus zum Beispiel, traumhaft im ländlichen Allgäu gelegen, bietet für erfahrene Meditierende auch die Möglichkeit des Retreats, des Rückzugs, über längere Zeit. Von Juni bis Oktober kann dort im »Waldkloster auf Zeit« für 1500 Mark im Monat gelebt und meditiert werden:

Buddha-Haus
Meditations- und Studienzentrum e.V.
Uttenbühl 5
87466 Oy-Mittelberg
Tel.: 08376/502
Fax: 08376/592
e-Mail: Buddha-Haus@t-online.de

Am extremsten, aber dafür auch am erfahrungsreichsten ist die Schweigemeditation, bei der über mehrere Tage oder Wochen – bis auf vereinzelte Gruppengespräche – komplett geschwiegen wird. Wer es ausprobiert hat, weiß, wie wertvoll und wohltuend diese Zeit ist und wie radikal sie das Leben verändern kann. Längere Retreats werden vor allem in den USA angeboten. Besonders beliebt sind die 87-Tage-»long silence«-Kurse der Insight Meditation Society in Massachusetts für 29 Dollar pro Tag, inkl. Unterkunft und Essen:

Insight Meditation Society
1230 Pleasant Street
Barre, MA 01005
USA
Tel.: (001) 978/355 43 78
Fax: (001) 978/355 63 98

Auch in Asien, vor allem in Thailand und Indien, kann man sich zum Meditieren in eine der dortigen Glaubensgemeinschaften zurückziehen. Die Lebensbedingungen sind allerdings nicht mit hiesigen Meditationsstätten vergleichbar. An den Lärmpegel, mangelnde Privatsphäre, eingeschränkte Hygiene und Essensversorgung müssen sich viele Westler erst einmal gewöhnen. Namen und Adressen von Tempeln und Klöstern in Asien erfährt man am ehesten von den tibetischen oder buddhistischen Zentren in den jeweiligen deutschen Großstädten.

Kein Kloster, aber ein westlich geprägtes Meditationszentrum ist »Tao Garden« im nördlichen Thailand. In der Gartenanlage, die in einem blühenden Tal liegt, wird taoistische Meditation gelehrt und eine Reihe von Kursen von Tai Chi bis Feng Shui angeboten. Auch längere Retreats von mehreren Wochen und Monaten sind möglich und kosten ab 300 US-Dollar pro Woche, inkl. Verpflegung und Unterkunft:

Tao Garden
274 Moo 7, Doi Saket
Chiang Mai 50220
Thailand
Tel.: (0066) 53/49 55 96
Fax: (0066) 53/49 58 52
e-Mail: healingt@loxinfo.co.th
Internet: www.healing-tao.com

Schwer in Mode gekommen ist in den letzten Jahren der Zen-Buddhismus. Nicht nur in Europa, auch im Herkunftsland Japan kann man in vielen Tempeln über längere Zeit an Zazen-Sitzungen (Sesshins) teilnehmen. Sie erfordern eine rigorose Disziplin, die in erster Linie aus stundenlangem Sitzen in der Stille mit geradem Rücken besteht. Weitere Informationen gibt es bei folgenden Anlaufstellen:

Zen-Vereinigung Deutschland
Rheinstr. 45
12161 Berlin
Tel.: 030/851 20 73
Fax: 030/851 11 95
e-Mail: zen@zazen.de

Japanische Fremdenverkehrszentrale
Kaiserstr. 11
60311 Frankfurt
Tel.: 069/203 53
Fax: 069/28 42 81
e-Mail: info@jntosra.rhein-main.com

Lernen

Verbinden Sie das Exotische mit dem Praktischen, und lernen Sie in einem anderen Land etwas, das Ihnen noch zum Lebensglück fehlt. Falls Ihnen Töpfern in der Toskana oder Bauchtanz auf den Balearen weniger liegt, gibt es eine Fülle handfester Fertigkeiten, die man an fremden Orten lernen kann. Auch wenn Sie Ihr neues Wissen vielleicht nie wieder anwenden werden: Spaß macht solch ein kreativer Crashkurs in jedem Fall. Einige Beispiele:

Ranger in Südafrika

Aus dem Ausbildungsplan für Safari-Guides wurde das Konzept entwickelt, nach dem Touristen in den Drakensbergen, im Krügerpark und im Ost-Transvaal Spurenlesen und mit Wildtieren umzugehen lernen. Zum Abschluß gibt's das Zertifikat »Ranger Grundausbildung«.
Kosten: 18 Tage inkl. Flug ab 3800 Mark.

Lernidee Reisen
Dudenstr. 78
10965 Berlin
Tel.: 030/786 50 56
Fax: 030/786 55 96
e-Mail: lernidee@t-online.de

Heilkunst in China

Nicht nur angehende Heilpraktiker, auch interessierte Laien können am Pekinger Krankenhaus für Traditionelle Chinesische Medizin (TCM) – eines der angesehensten in ganz China – die alte Kunst der Akupunktur, traditionelle chinesische Massage und Heilmethoden in anderen Fachrichtungen erlernen.
Kosten: Zwei Wochen inkl. Flug rund 3600 Mark, vier Wochen rund 4800 Mark.

China Spezialreisen
Marianne Herzog
Johannesstr. 41

53225 Bonn
Tel.: 0228/973 86 27
Fax: 0228/973 86 28

Fotografie in Frankreich

Mode-, Studio-, Presse- und Landschaftsfotografie: All das kann man in zwei vollen Semestern oder etwas knapper in einem Fünf-Wochen-Kurs im Klassenzimmer, im Studio und draußen unterwegs von Profis lernen.
Kosten: Rund 10 000 Mark Studiengebühr pro Semester oder 3000 Mark für den Fünf-Wochen-Kurs.

Speos – Paris Photographic Institute
8 Rue Jules Valles
75011 Paris
Frankreich
Tel.: (0033) 1/40 09 18 58
Fax: (0033) 1/40 09 84 97
e-Mail: speos@speos.fr
Internet: www.speos.fr

Flößer in Finnland

Echtes Leben in der Wildnis läßt sich mit harter körperlicher Arbeit beim Flößer-Grundkurs in den weiten Wäldern Lapplands verbinden. Die Cowboys des Nordens rollen Baumstämme in die Bäche, bauen Flöße und fangen Fische.
Kosten: Vier Tage für ca. 570 Mark.

Finnische Zentrale für Tourismus
Lessingstr. 5
60325 Frankfurt
Tel.: 069/719 19 80
Fax: 069/724 17 25
e-Mail: fzt.fra@mek.fi

Bauer in Irland

Auf der Farm von John Seymor (Autor von »Das große Buch vom Leben auf dem Lande«) lernen Sie Bäume pflanzen, Körbe flechten, Gänseaufzucht oder die Herstellung von Ingwerbier, und wie Sie zum Selbstversorger auf Ihrem eigenen Stück Land werden.
Kosten: Fünf Tage für 1170 Mark inkl. Übernachtung mit Halbpension.

John Seymour School for Self Sufficiency
Killowen
New Ross
Co. Wexford
Irland
Tel.: (00353) 51/38 81 56
Fax: (00353) 51/38 81 70
e-Mail: 113.043.2162@compuserve. com

Senn in der Schweiz

Wer den Sommer auf einer Alp verbringen will, lernt die nötigen Voraussetzungen für die Arbeit als Senn oder Sennerin in einer Bergbauernschule. Im Weiterbildungskurs wird zusätzlich das Handwerk der Alpkäserei vermittelt.
Kosten: Fünftägiger Grundkurs ab 290 Schweizer Franken.

LBBZ Bern Süd
Bergbauernschule
3702 Hondrich
Schweiz
Tel.: (0041) 33/654 95 45
Fax: (0041) 33/654 80 37

Gärtnern in Australien

»Permaculture« heißt das Zauberwort und ist viel mehr als reine Botanik: Eine Landschafts-, Garten- und Lebensgestaltung, die auf individuelle Bedürfnisse, Umweltschutz und die Erhaltung einheimischer und seltener Pflanzen ausgerichtet ist. Die charismatischen

Lehrer Lorraine und Rene van Raders beziehen ihre Schüler in ihr eigenes alternatives Leben mit ein.

Kosten: Zwei Wochen für 500 Austr. Dollar ohne Unterkunft, mit Unterkunft 600 Austr. Dollar.

The Green Piece Permaculture Garden
P. O. Box 389
Malanda, Queensland 4885
Australien
Tel.: (0061) 70/96 51 38
e-Mail: rvraders@tpgi.com.au.

Spanisch in Guatemala

Sprachreisen können mehr sein als reines Pauken. Wer gleichzeitig einen Aufenthalt in einer einheimischen Gastfamilie bucht, lernt und erlebt am meisten. Besonders preiswert und kulturell beeindruckend sind Spanischkurse in Südamerika, zum Beispiel in der von Vulkanen umgebenen Kolonialstadt Antigua in Guatemala. Jeder Teilnehmer hat seinen privaten Sprachlehrer und kann nach eigenem Tempo lernen.

Kosten: Vier Wochen für 1670 Mark, acht Wochen für 2590 Mark inkl. Unterkunft und Verpflegung.

Experiment e.V.
Ubierstr. 30
53173 Bonn
Tel.: 0228/957 22 19
Fax: 0228/35 82 82
e-Mail: outbound.exp-ge@t-online.de

Kochen in New York und Bangkok

Wollen Sie Fisch zerlegen wie ein Poissonier oder Törtchen backen können wie ein Patissier? In 600 Stunden bringt man Ihnen in New York das große Einmaleins der klassischen französischen Kochkunst bei. Danach haben Sie genug auf und in der Pfanne, um Ihr eigenes Restaurant zu eröffnen.

Kosten: Rund 20 000 Mark Kursgebühr für sechs Monate – inklusive Kochutensilien und Uniform.

The French Culinary Institute
462 Broadway
New York, NY 10013–2618
USA
Tel.: (001) 212/219 88 90
Fax: (001) 212/219 92 93

Im legendären Hotel »Oriental« in Bangkok lernt man vom Chef-
koch in fünf Tagen und in exklusiver Atmosphäre die Grundlagen
der thailändischen Küche von Currys bis Gemüseschnitzereien.
Kosten: 2300 Mark inkl. Unterkunft und Essen.

The Thai Cooking School at the Oriental
48 Oriental Ave.
Bangkok 10500
Thailand
Tel.: (0066) 2/236 04 00-20
Fax: (0066) 2/236 19 37
e-Mail: bscorbkk@loxinfo.co.th

Ein Führer der weltbesten Kochschulen, »The Guide to Cooking
Schools 1998«, findet sich auch im Internet: *www.shawguides.-
com.*

Studieren in der ganzen Welt

Wenn es Ihnen nicht in erster Linie darum geht, einen akademischen
Grad zu erlangen oder einen Studienabschluß nachzuholen, können
Sie Ihren Wissensstand oder ein Interessengebiet auch an einer Universität im In- und Ausland vertiefen. Ob Sie in Kapstadt die Geschichte schwarzafrikanischer Befreiungsbewegungen studieren, in
Kalifornien das Paarungsverhalten der Delphine erforschen oder
sich in Freiburg über die Phänomene der Parapsychologie weiterbilden wollen – es stehen Ihnen auch jenseits überfüllter Hörsäle weltweit unzählige Möglichkeiten offen.

Die meisten amerikanischen Hochschulen bieten zum Beispiel in
den Semesterferien sogenannte Summer Sessions in allen Studien-
fächern an, die drei bis zehn Wochen dauern.

Informationen zu den Studienmöglichkeiten und den Angeboten

der Hochschulen bekommt man über das Konsulat des jeweiligen Landes oder deren Kultureinrichtungen wie den Amerika-Häusern (in Köln, Frankfurt, Berlin und Leipzig), dem British Council oder Institut Français. Brieflich und telefonisch hilft bei Studienwünschen in den USA weiter:

Council on International Educational Exchange
Thomas-Mann-Str. 33
53111 Bonn
Tel.: 0190/57 27 27
Internet: www.educationusa.de.

An den amerikanischen Unis zahlt man zwischen 5000 bis 25 000 Mark Studiengebühr pro Semester. Sehr viel billiger, aber entsprechend weniger qualifiziert sind die Kurse an den amerikanischen Community Colleges.

Für Studenten besonders günstig sind die Unis in Spanien und Italien; dazu kommt, daß man in EU-Staaten nebenher arbeiten darf. Auch viele britische Universitäten bieten etwa sechswöchige Summer-Study-Programme an. An der Middlesex University in London kann man zum Beispiel unter 60 Fächern von »Einführung in die Bildhauerei« über »Englische Landgüter und Parks« bis »Zeitgenössischer Tanz« wählen.

Summer School Office
Middlesex University
Trent Part Campus
Bramley Road
London N14 4YZ
England
Tel.: (0044) 181/362 57 82
Fax: (0044) 181/362 66 97
e-Mail: sschool@mdx.ac.uk
Internet: www.mdx.ac.uk

Wer sich rechtzeitig bemüht (mindestens ein Jahr Vorlaufzeit einrechnen), kann ein Kurzstudium eventuell als Stipendium im Sinne einer beruflichen Fortbildung finanziert bekommen. Politische Stiftungen, karitative Clubs wie Rotary oder Lyons und eine Reihe anderer Einrichtungen machen auch für Leute ohne Hochschul-

reife, aber mit Berufserfahrung einen akademischen Schnupper-
kurs möglich. Informationen findet man im Stipendienführer des
DAAD:

Deutscher Akademischer Austauschdienst
Kennedyallee 50
53175 Bonn
Tel.: 0228/882-0
Fax: 0228/882-444
e-Mail: postmaster@daad.de
Internet: www.daad.de

Beim DAAD erhält man auch ein Verzeichnis aller deutschen
Hochschulen – für den Fall, daß man als Gasthörer eine hiesige Uni
besuchen möchte. Um zu erfahren, welche Universität was in wel-
cher Fachrichtung bietet, kann man sich an die Studienberatung
einer Hochschule vor Ort wenden oder dort in der Bibliothek in den
Vorlesungsverzeichnissen anderer Unis stöbern. Ein direkter Weg
zu den Fakultäten sämtlicher Universitäten weltweit ist das Internet.

Praktika und Weiterbildung

Eine Pause vom bisherigen Job kann auch darin bestehen, daß Sie
ihn in einem anderen Land unter völlig neuen Bedingungen ausüben
und mit einschneidenden Erfahrungen und Einsichten wiederkehren. Ein berufsbezogener Auslandsaufenthalt macht sich nebenbei
auch hervorragend im Lebenslauf und ist in jeder Hinsicht eine 1-a-
Qualifikation.

Diverse Praktika und berufliche Weiterbildung in der ganzen Welt
organisiert, finanziert und unterstützt die Carl Duisberg Gesellschaft. Kostprobe: Ein Japan-Jahr (sechs Monate Intensivsprach-
kurs, sechs Monate Praktikum in einem japanischen Unternehmen)
für erfahrene Handwerker, Kaufleute und Techniker. Oder, für junge
Berufstätige aus allen Bereichen, zwei Monate Studium an der State
University of New York im Bereich Marketing und Public Relations
plus zwei Monate fachbezogenes Praktikum in einem entsprechenden Unternehmen in New York.

Carl Duisberg Gesellschaft
Weyerstr. 79–83
50676 Köln
Tel.: 0221/20 98-0
Fax: 0221/20 98-111
Internet: www.cdg.de

Soziales Engagement

Wenn Ihnen nach drei Tagen Rumliegen am Strand der Sonnenschirm auf den Kopf fällt, sollten Sie vielleicht lieber für die Umwelt als im Sand buddeln. Mittlerweile gibt es ein breites Angebot an internationalen Workcamps, Öko-Organisationen und sozialen Einrichtungen, die für mehrere Wochen oder Monate freiwillige Helfer brauchen. Die Teilnahme ist bei einigen, zum Beispiel bei den meisten deutschen Vereinen, kostenlos, manchmal gibt es ein Taschengeld. Je exotischer ein Projekt und je maroder die Region, der geholfen werden soll, desto eher wird von den Teilnehmern jedoch neben der Arbeitskraft ein Solidaritätsbeitrag in Valuta verlangt. Daß die Einsätze eher spaßbringend als schweißtreibend sind, kann jeder Ehemalige bestätigen. Dazu kommt neben dem guten Gefühl, etwas Sinnvolles getan zu haben, daß man Länder, Menschen und Regionen fernab vom Tourismus intensiv kennenlernt. Einige Beispiele:

Historische Bauwerke in Frankreich restaurieren

Auf 30 Baustellen im Hinterland der Provence restaurieren jährlich knapp 300 enthusiastische Menschen aus dem europäischen Umland bedrohte historische Bauwerke wie halbverfallene Kapellen, Schlösser oder Kalkstein-Schäfereien. Handwerksgesellen vermitteln den Neuankömmlingen eine Art Grundausbildung im Maurern, Verputzen oder Meißeln. Pro Woche werden 35 Stunden, meist bis mittags, gearbeitet, danach stehen Ausflüge in die Natur auf dem Programm.

Kostenbeteiligung für drei bis vier Wochen: ca. 100 bis 200 Mark.

Chantier d'Été
A.P.A.R.E.
41 cour Jean Jaurès
84000 Avignon
Frankreich
Tel.: (0033) 490/85 36 72
Fax: (0033) 490/86 82 19
e-Mail: apare/gec@avignon.pacwan.net

Regenwald-Aufforstung in Vietnam

2,2 Millionen Hektar Regenwald wurden während des Vietnam-kriegs zerstört, der Raubbau durch die Holzwirtschaft geht weiter. Während der drei Monate dauernden Hilfsprojekte für die zerstörte Region leben die Helfer vor Ort im Zelt, ernähren sich von einheimischer Kost und versuchen, die Schäden durch Vermessungen zu dokumentieren.
Kosten: Bis zu 6000 Mark inkl. Flug, Versicherung, Unterbringung und Essen.

Frontier
77 Leonard Street
London EC2A 4QS
England
Tel.: (0044) 171/613 24 22
Fax: (0044) 1 71/613 29 92
e-Mail: enquiries@frontier.mailbox.co.uk
Internet: www.mailbox.co.uk/frontier

Naturschutz in Australien

In mehrwöchigen oder -tägigen Workcamps auf dem fünften Kontinent packen Freiwillige in den wunderschönen Nationalparks überall dort mit an, wo es etwas zu schützen, bewahren und reparieren gibt, zum Beispiel Wanderwege anlegen oder Koalas umsiedeln.
Kosten: 20 Austr. Dollar pro Tag für Unterkunft und Verpflegung.

Australian Trust for Conservation Volunteers
P. O. Box 423
Ballarat
Victoria 3353
Australien
Tel.: (0061) 3/53 33 14 83
Fax: (0061) 3/53 33 22 90
e-Mail: info&atcv.com.au

Earthwatch-Expeditionen

Für ein bis drei Wochen im Jahr können sich Naturhungrige an einem interessanten Forschungsprojekt beteiligen: Zum Beispiel die Rettung von Lederrückenschildkröten auf den Jungferninseln, Beobachtung von Korallenriffen in der Karibik, Untersuchung der Pueblos in Arizona oder Ausgrabungen von Mammutknochen in South Dakota. 35 000 internationale Freiwillige haben seit 1971 bereits an den Expeditionen in insgesamt 111 Ländern teilgenommen. Kosten: Zwischen 600 und 3700 Dollar inkl. Unterkunft, Essen und Ausrüstung.

Earthwatch Institute
Belsyre Court
57 Woodstock Rd.
Oxford OX2 6HU
England
Tel.: (0044) 1865/31 16 00
Fax: (0044) 1865/31 13 83
e-Mail: info@uk.earthwatch.org
Internet: www.earthwatch.org

Brigade auf Kuba

Nicht nur Felder umgraben oder Mais ernten, sondern auch etwas für seinen politischen Horizont tun: Wer in einer Landarbeitsbrigade auf Kuba aushilft, bekommt neben internationalen Genossen auch Informations- und Diskussionsveranstaltungen mit den Vertretern des (noch) »real existierenden Sozialismus« geboten.

Kosten: 2000 Mark für drei Wochen inkl. Flug, Unterkunft, Versicherung und Programm.

Freundschaftsgesellschaft BRD-Cuba
Zülpicher Str. 7
50674 Köln
Tel. und Fax: 0221/240 51 20
e-Mail: sgkuba@link-k.gun.de

Arbeit auf Bio-Bauernhöfen

Als *Willing Worker on Organic Farms*, kurz WWOOFer, zu Deutsch: freiwilliger Arbeiter auf ökologischen Bauernhöfen, kann man unter anderem Kühe melken, Schafmist schaufeln, Maiskolben sortieren, Zäune reparieren, Brot backen oder Traktor fahren – was halt so an Arbeit in der alternativen Landwirtschaft anfällt. Auf den Höfen freut man sich über Ihre Hilfe, und Sie freuen sich am Abend, wenn Sie zerschlagen beim selbstgebrauten Bier auf der Veranda oder am Ofen sitzen, daß Sie den ersten Zaun Ihres Lebens gebaut haben, der einer wild gewordenen Entenherde standhält.

Abgesehen von der gesunden Lebensweise und dem Spaß an körperlicher Arbeit in frischer Luft bietet WWOOFing die einmalige Gelegenheit, wie selbstverständlich in Familien, Lebensgemeinschaften und –stile einzutauchen, die man sonst wohl nie kennenlernen würde. Und das weltweit: Von A wie Australien bis Z wie Zentralamerika gibt es Adressen von WWOOF-Farmen – eine ideale Art, sich von Hof zu Hof um den Globus zu bewegen.

Kosten: Nichts, da Unterkunft und Verpflegung gegen Arbeit gestellt werden. Bei längerem Aufenthalt gibt es meistens noch ein Taschengeld extra.

Für Adressen in Deutschland:

WWOOF
Rotraud Schmalzried
Hintere Straße 6
74348 Lauffen

Weiterleitung für Anfragen im Ausland:

WWOOF
Petra Büschelberger
Kleinhausweg 2
01277 Dresden

Internationale Liste:

WWOOF Australia
Mt. Murrindal Coop
Buchan, Vic 3885
Australia
Tel. u. Fax: (0061) 03/51 55 02 18
e-Mail: wwoof@ozemail.com.au
Internet: www.earthlink.com.au/wwoof

Leben mit Behinderten

In über 100 Camphill-Dörfern, Einrichtungen der anthroposophischen Bewegung, von Botswana über Finnland bis in die USA leben geistig und körperlich Behinderte mit Nichtbehinderten zusammen. Wer sich für ein einjähriges Camphill-Praktikum entschließt (keine Vorbildung nötig, keine Altersbeschränkung), arbeitet mit den Dorfbewohnern in den Holz-, Keramik-, Druck- oder Textil-Werkstätten und lebt mit in der ungezwungenen Hausgemeinschaft. Ehemalige Praktikanten berichten von einem intensiveren Lebensgefühl, mehr Spaß an ursprünglichen Dingen und Freuden. Zitat: »Vorher habe ich nur Behinderte gesehen – jetzt sehe ich lauter Freunde.«

Kosten: Keine. Unterkunft und Essen sind frei, es werden Sozialversicherungsbeiträge und 300 bis 400 Mark Taschengeld im Monat gezahlt.

Camphill-Schulgemeinschaft Föhrenbühl
Föhrenbühlweg 5
88633 Heiligenberg
Tel.: 07554/80 01-67
Fax: 07554/80 01-63.
e-Mail: camphill.fohrenbuhl@t-online.de

Weltweite Adressen finden sich im »Camphill Directory« vom Internationalen Sekretariat der Camphill-Bewegung:

Botton Village
Danby
Whitby
North Yorkshire, YO 21 2NJ
England
Tel.: (0044) 1287/66 12 88
Fax: (0044) 1287/66 08 88
e-Mail: botton@camphill.org.uk
Internet: www.camphill.org.uk

Friedensdienst

Wo soziale Ungerechtigkeit herrscht, setzt sich der Internationale christliche Friedensdienst »Eirene« mit engagierten Projekten in vielen Brennpunkten der Welt ein. Freiwillige Helfer können mindestens ein Jahr lang in Ländern wie den USA (Aktionen gegen die Todesstrafe, Aids-Hospiz, Obdachlose), Irland (Versöhnung zwischen katholischen und evangelischen Jugendlichen), Frankreich und Belgien (z. B. Behinderten-Gemeinschaften) arbeiten.

Kosten: 350 Mark im Monat, die von einem Unterstützerkreis aufgebracht werden müssen. Unterkunft und Verpflegung sind frei.

Eirene
Engerser Str. 74 b
56564 Neuwied
Tel.: 02631/837 90
Fax: 02631/311 60
e-Mail: eirene-int@eirene.org
Internet: www.eirene.org

Sonstiges

Hier gibt es eine Liste mit Adressen von 50 Organisationen für »Chancen des persönlichen Engagements im Ausland« vom Entwicklungsdienst in Asien bis zum Workcamp in Afrika:

Arbeitskreis »Lernen und Helfen in Übersee«
Thomas-Mann-Str. 52
53111 Bonn,
Tel.: 0228/63 44 24
Fax: 0228/65 04 14

Ökologisch orientierte Reise- und Arbeitsmöglichkeiten sind im Ratgeber »Jobben für Natur und Umwelt« (Freiburg 1997) zusammengefaßt.
Ein Adressenverzeichnis von über 1000 Umweltschutzorganisationen (»Bürger im Umweltschutz«), bei denen man ein längeres oder kürzeres Umweltpraktikum machen kann, erhält man beim

Umweltbundesamt
Zentraler Antwortdienst
Postfach 33 00 22
14191 Berlin
Tel.: 030/890 30-0
Fax: 030/89 03-29 20

Wer sich eine mehrmonatige Reiseroute nur aus Workcamps und sozialen Projekten zusammenstellen will, kann sich für die Planung seines grünen Aktivurlaubs wenden an:

Involvement Volunteers Deutschland
Marion Mayer
Naturbadstr. 49
91056 Erlangen
Tel. und Fax: 09135/80 75

»Volunteer Vacations« (von Bill McMillon) ist eine englischsprachige Auflistung von über 100 Freiwilligen-Hilfsprogrammen in der ganzen Welt – darunter auch so exotische Einsätze wie der Medikamententransport per Kanu zu Eingeborenen am Amazonas. Das Buch kann man bestellen bei:

Chicago Review Press
814 N.Franklin St.
Chicago, IL 60610

USA
Tel.: (001) 312/337 07 47
Fax: (001) 312/337 59 85

Nähere Informationen gibt es bei:

Volunteer Vacations
2120 Green Hill Road
Sebastopol, CA 95472
USA
Tel. und Fax: (001) 707/829 93 64

Jobben

Obwohl das klassische Sabbatical eigentlich eine Arbeitspause ist, kann ein Ausstieg auf Zeit auch durchaus ein anderer Job auf Zeit sein. Logisch, daß es sich dabei meist um Tätigkeiten mit hohem »Fun-Faktor« handelt oder man auf diese Weise länger in einer Region leben kann, die einen fasziniert. Wer in EU-Ländern – dazu zählen beispielsweise auch die französischen Gebiete Guadeloupe, Guayana, Martinique und La Réunion – jobbt, braucht nicht einmal eine Arbeitserlaubnis. Bei allen anderen Ländern am besten vorher die jeweilige Botschaft konsultieren. In der Regel haben Touristen, die für ein paar Monate irgendwo in Feriengebieten »schwarz« arbeiten, auch ohne Arbeitserlaubnis nicht unbedingt etwas zu befürchten. Offiziell verboten ist das Jobben ohne Arbeitserlaubnis allerdings in sämtlichen Staaten. Gerade in ärmeren Ländern reagieren die Menschen wenig freundlich, wenn man ihnen einen der wenigen Arbeitsplätze wegschnappt. In den USA riskiert man durch eine illegale Beschäftigung die sofortige Abschiebung und unter Umständen sogar ein lebenslanges Einreiseverbot. Die meisten unqualifizierten Jobs – ob Zuckerrohr ernten in Australien oder Hot dogs verkaufen in Hongkong – findet man meist direkt vor Ort. Bei einigen lohnt sich aber die Vorbereitung von Deutschland aus. Einige Beispiele:

Bergführer

Sie müssen mehrjährige Erfahrung bei Eis-, Ski- und Felstouren anhand von Tourenberichten vorweisen können und Erste Hilfe beherrschen, um dreiteilige Lehrgänge über mehrere Tage oder Wochen in Theorie und Praxis zu absolvieren. Dann werden Sie auf Mensch und Berg losgelassen und können ab 350 Mark pro Gast und Tag verdienen.

Verband Deutscher Berg- und Skiführer e.V.
Ausbildungskommission
Untersbergstr. 34
83451 Pieding
Tel.: 08651/713 12
Fax: 08651/712 21

Animateur

Wenn Sie eine oder mehrere Trendsportarten perfekt beherrschen, Fremdsprachen sprechen, ständig gute Laune verbreiten und noch dazu blendend aussehen, haben Sie beste Chancen, eine Saison (November bis März, April bis Oktober) in einem Ferienclub zu verbringen. Große Clubs bilden ihre Animateure firmenintern aus, ansonsten ist keine Qualifikation nötig.

Verdienst: zwischen 1000 und 1500 Mark im Monat, Unterkunft und Verpflegung sind gratis. Infos bei den jeweiligen Clubs (Aldiana, Robinson, Club Méditerranée, Ventaclub, Club Calimera etc.).

Kibbuz

Als »soziales Engagement« kann man die Kibbuz-Arbeit schon lange nicht mehr verkaufen, denn aus den Kommunen der Gründerzeiten des Staates Israel sind profitable Wirtschaftsunternehmen geworden, die Gastarbeiter aus den Nachbarstaaten zu Billiglöhnen am Fließband beschäftigen. Dennoch: Kibbuzim sind nach wie vor internationale Begegnungsstätten mit hohem Kennenlernfaktor – auch wenn man das Pech hat, zum dreiwöchigen Zwiebelschneiden oder Toilettenschrubben eingeteilt zu sein. Die Freizeit ist jedoch begrenzt, denn eine Arbeitswoche hat 48 Stunden. Bezahlung gibt es auch für die reguläre Fabrikarbeit keine, höchstens ein Taschengeld oder Coupons für die kibbuzeigenen Läden. Unterkunft und Essen sind gratis.

Vereinigte Kibbuzbewegung
Savignystr. 78
60325 Frankfurt a. M.
Tel.: 069/74 01 54
Fax: 069/74 58 60

Sonstiges

Zur Erdbeerernte nach Finnland, zur Farmarbeit nach Island, als Feriencamp-Betreuer in die USA und als verkleidete Mickey Mouse oder Eisverkäuferin ins Disneyland nach Paris: Solche und viele andere Jobs – hauptsächlich für jüngere Leute mit Fremdsprachenkenntnissen – vermittelt die ZAV.

Zentralstelle für Arbeitsvermittlung der
Bundesanstalt für Arbeit
Auslandsabteilung
Postfach 17 05 45
60079 Frankfurt a. M.
Tel.: 069/71 11-0
Fax: 069/71 11-540
Internet: www.arbeitsamt.de

Zurück nach Hause
Wiedereinstieg ohne Probleme

Don't dream it, be it.

Aus der »Rocky Horror Picture Show«

Wie lange hab' ich noch?

Irgendwann läuft die Uhr rückwärts:»Noch einen Monat, noch zwei Wochen, nur noch drei Tage.« Und dann landet man auf einem Flughafen oder steigt aus einem Zug und ist plötzlich wieder da, wo man vor vier Monaten oder einem Jahr sein Sabbatical begann. Diesen Moment erwarten die meisten mit – gelinde gesagt – gemischten Gefühlen:»Ich hätte alles darum gegeben, noch bleiben zu können.« »Mich zog nichts in mein altes Leben zurück.«»Ich war gerade frisch verliebt.«»Mir grauste es vor Deutschland und dem eingefahrenen Alltag dort.«

Solche Aussagen sind typisch für viele Aussteiger auf Zeit. Daher versuchen sie oft, den Tag X im Kopf zu verdrängen und holen noch bis zur letzten Minute alles aus ihrem Langzeiturlaub raus, was möglich ist. Wenn innerhalb einer Woche plötzlich noch fünf anstrengende Touren zu Besichtigungszielen absolviert werden, für die man sich vorher wochenlang Zeit gelassen hätte, oder drei Extremsportarten hintereinander gelernt werden, weil man ja vielleicht nie wieder in ein solches Tauch-, Surf- oder Freeclimbing-Paradies kommt, artet das Ende des Sabbaticals aber in genau das aus, wovor man eigentlich geflohen ist: in Streß.

Wer sich so verhält, unterscheidet sich durch nichts vom verpönten Normaltouristen, auch wenn er vorher monatelang die Dinge gemächlich und entspannt auf sich hat zukommen lassen. Und er macht den entscheidenden Denkfehler, daß das wahre Leben mit all seinen Reizen und Abenteuern nur noch während des Sabbaticals möglich ist und danach der totale Stillstand eintritt.

Sanfter Übergang statt Kulturschock

Damit das Ende des Langzeiturlaubs nicht zum Showdown wird, bei dem der tödliche Schuß in Form der daheim lauernden Realität fällt, ist eine fließende Übergangszeit enorm wichtig: ein sanfter Ausstieg aus dem Sabbatical und eine nicht minder weiche Landung im Alltag. Konkret bedeutet das: Verdrängen Sie die Welt, die zu Hause auf Sie wartet, nicht bis zur letzten Minute aus Ihrem Blickfeld, sondern spinnen Sie in den letzten Wochen wieder einige wichtige Fäden. Rufen Sie im Büro oder bei Ihrem Chef an, um auf den neuesten Stand zu kommen und zu sagen, daß es Ihnen gut geht und Sie sich wieder auf die Arbeit freuen – und wenn es noch so gelogen sein sollte. Vielleicht gibt es auch von Ihrer Seite aus neue Pläne und Ideen bezüglich Ihrer Arbeit, die Sie Ihrem Chef bereits mitteilen können. Falls noch keine neue Stelle auf Sie wartet, sollten Sie sich jetzt vielleicht die ersten Gedanken über anstehende Bewerbungen machen. Vielleicht schickt oder faxt Ihnen jemand den Anzeigenteil einer überregionalen Zeitung oder Fachzeitschrift.

Auch das Privatleben sollten Sie wieder reaktivieren – und wenn es sich nur darin äußert, daß Sie zum Beispiel Ihre Fotos noch vor dem Abflug entwickeln lassen, damit Sie sie bei den ersten Wiedersehenstreffen dabei haben. Selbst wenn Sie monatelang aus Prinzip keinen einzigen Brief geschrieben und sich gegen jede Kontaktaufnahme aus der Heimat abgeschottet haben, brechen Sie sich keinen Zacken aus der Krone, wenn die engsten Freunde, Nachbarn oder Familienmitglieder vor Ihrer Ankunft zumindest eine Postkarte im Briefkasten vorfinden. Die wesentlich nettere Variante besteht darin, für jeden der Lieben daheim ganz bewußt ein persönliches Souvenir auszusuchen. Und am besten auch gleich noch eins für die Kollegen, die während Ihrer Abwesenheit mehr Arbeit zu bewältigen hatten oder Ihre Post weitergeleitet haben. Diese kleinen Gesten führen außerdem dazu, daß Sie sich innerlich langsam wieder mit den Personen aus Ihrer Vergangenheit und nahen Zukunft vertraut machen. Wenn Sie wieder auf Ihr altes Umfeld treffen, werden Sie noch erstaunt genug sein. Denn jeder, der lange weg war und wiederkommt, hat das Gefühl, unendlich viel erlebt und sich verändert zu haben, aber zu Hause ist alles immer noch beim alten. Das allein kann irritierend bis erschreckend sein.

Am wichtigsten ist daher, daß Sie nach Ihrer Rückkehr nicht von heute auf morgen Ihr altes Leben wieder aufnehmen müssen. Lassen Sie sich Zeit: Mindestens ein bis zwei Wochen sind angemessen, um die Flut von praktischen Dingen nach solch einer langen Abwesenheit zu regeln und um dem Kopf zu erlauben, sich langsam wieder auf die neue alte Situation einzustellen. Denn das ist, wie die meisten Sabbatical-Heimkehrer erfahren haben, gar nicht so leicht. Je weiter und länger man weg war, desto mehr wird die Ankunft in der alten Heimat zum reinsten Kulturschock. »Ich wollte am liebsten sofort meine Koffer packen und gleich wieder abhauen«, erinnert sich Headhunter Eric Ewald aus dem Taunus. Alles in und um Frankfurt kam ihm nach zehn Monaten Kanada, Neuseeland und Asien hektisch und abschreckend vor.

Da man sich keine rosarote Brille aufsetzen kann, durch die die triste Heimat plötzlich bunt und schillernd wird, muß man sich mit anderen Tricks behelfen. Einer heißt: Machen Sie Ihre Rückkehr nicht zum Gang nach Canossa, sondern lieber zum Happening. So wie Krankenschwester Jutta Arndt, die ihren Rückflug so legte, daß sie zur Hochzeit einer Freundin in Flensburg gehen konnte. Die Überraschungsrückkehr war ein weiteres schönes Erlebnis in einer Kette von sechsmonatigen Reiseeindrücken.

Dahinter steht eine grundlegende Einstellung für die weitere Zukunft: Die gleiche kindliche Abenteuerlust, mit der man jeden Tag seines Sabbaticals als neue Überraschung erlebt hat, muß nicht schlagartig dadurch aufhören, daß man wieder heimischen Boden betritt und einer geregelten Arbeit nachgeht. Die Wiedereinstiegsmaxime heißt daher: Retten Sie soviel wie möglich an Kreativität, Einfällen und Lebenslust hinüber. Alles, was die Norm ein wenig sprengt, hilft Ihnen weiter. Der langweilige Ikea-Schrank wird gestrichen; der Fernseher wandert in den Keller, weil man ihn das letzte halbe Jahr auch nicht vermißt hat; das Auto wird gegen die lange ersehnte Harley Davidson getauscht; und plötzlich stellt man erstaunt fest, daß man noch nie im Stadtpark ein Picknick mit Rotwein gemacht hat. Wer sich jetzt davon abhalten läßt, nur weil der Park in Kassel statt in Kalifornien liegt, hätte eigentlich nicht wegzufahren brauchen.

Eine andere praktische Maßnahme für den Transit ins vertraute Leben, die besonders von Management-Beratern für deren Aussteiger-Klientel empfohlen wird, heißt: Machen Sie eine Auswertung.

Nehmen Sie sich ein paar Stunden Zeit, um all das aufzuschreiben, was sich für Sie während des Sabbaticals verändert hat, welche Bilanz und Konsequenzen Sie daraus ziehen, und welche Punkte Sie davon in Zukunft umsetzen wollen. Das kann alles von »nicht wieder mit dem Rauchen anfangen« bis »kündigen und mich selbständig machen« sein. Schauen Sie sich Ihre Auflistung alle paar Monate einmal an – es hilft!

Die lieben Kollegen

Nichts ist frustierender, als frisch erholt, blendend gelaunt und voll bester Vorsätze an den Ort des täglichen Brötchenverdienens zurückzukehren und in kürzester Zeit von einem unüberwindlichen Haufen nicht geöffneter Post, liegengebliebener Arbeit, versäumten Terminen und genervten Kollegen erschlagen zu werden. Wenn Ihr Arbeitsplatz gewöhnlich nach vier Wochen Urlaub ein einziges Chaos ist, dann sollte sich dieser Zustand nach einer halbjährigen Abwesenheit möglichst nicht versechsfacht haben. Das heißt, daß Sie im Vorfeld Ihren Kram soweit geregelt haben müssen, daß die ersten Tage im Job Sie nicht mit einem K.o.-Schlag in die Knie zwingen. Wenn sich während Ihrer Abwesenheit niemand um die angestauten Papierberge kümmern oder sie diskret entsorgen konnte, sollten Sie das möglichst tun, bevor der reguläre Streß wieder einsetzt. Vielleicht nehmen Sie sich einen halben Tag Zeit, bevor die Arbeit offiziell wieder beginnt, sagen den Kollegen Hallo und sondieren Ihre Post und die allgemeine Lage, bevor Sie sich wieder an Ihrem Arbeitsplatz zurechtfinden müssen.

Naturgemäß werden Sie in der ersten Zeit nach dem Sabbatical in jeder Hinsicht topfit sein. Wahrscheinlich haben Sie sogar wieder richtige Lust auf den alten Job und freuen sich darauf, mit vollem Einsatz und Elan zu arbeiten. Es ist sicher nicht verkehrt, wenn dieser Eindruck sich bis zu Ihren Vorgesetzten rumspricht. Auch mit neu erworbenen Fähigkeiten sollten Sie nicht zu bescheiden umgehen. Denn wer ein halbes Jahr oder länger Pause gemacht hat, wird danach oft besonders kritisch beäugt. Nicht jeder in Ihrem Arbeitsumfeld gönnt Ihnen Ihr Sabbatical von Herzen. Auf jeden Kollegen,

der sich wieder auf Sie freut und sich mit Begeisterung Ihre Reise-
anekdoten anhört, kommt garantiert einer, der tief in seinem Klein-
hirn meint, ihm sei etwas weggenommen worden, weil es Ihnen so
offensichtlich gut geht.

Als Migros-Personalentwickler Sergio Maddalena sich in sein
zweites Sabbatical aufmachte, entstand in der von ihm geleiteten
Abteilung ein Machtvakuum. Eine Mitarbeiterin wurde kommissa-
risch zur Chefin erklärt, aber von den anderen nicht voll akzeptiert.
Mit diesen Konflikten wurde Maddalena nach seiner Rückkehr
sofort konfrontiert. Nach zwei Wochen machte der Management-
experte mit seiner Abteilung eine Teamklausur, wo alles auf den
Tisch kam:»Es kam auch der Vorwurf an mich, daß ich zu egoistisch
gehandelt habe und Mitarbeitern die Erfolgsmöglichkeiten stehle.«

Vielleicht haben Sie nach Ihrer Rückkehr weder Streß noch Kollegen zu fürchten, weil es die gar nicht mehr gibt. Wie bei Jutta Arndt,
die erst einmal zwei Monate arbeitslos war, bis sie wieder eine Stelle
als Krankenschwester fand. Es war keine ganz einfache Zeit:»Auf
unserer Reise habe ich die Arbeit nie vermißt, aber als ich wieder zu
Hause war, hat es mich gestört, nicht arbeiten zu können.« Mittlerweile ist sie Stationsschwester und besonders großzügig, wenn es
um längere Urlaube ihrer Kolleginnen geht.

Auch wenn das alte Sicherheitsdenken schlagartig wieder einsetzt, sobald Sie deutschen Boden betreten und Sie sich an einer
langwierigen Stellensuche nur begrenzt erfreuen können, haben Sie
als vorübergehender Arbeitsloser trotzdem nicht das schlechteste
Rückkehrerlos gezogen: Ihnen steht wirklich alles offen, und Sie
sind nicht gezwungen, an einen Arbeitsplatz und in ein Leben
zurückzukehren, das Sie lieber als abgehakt betrachten würden.

Herzschmerz

Nichts ist mehr wie vorher. Sieben Monate ist Sonja Döring weg
gewesen. Als ihr Lebensgefährte sie nach der langen Reise durch
Zentralafrika zum ersten Mal wieder im Arm hält, merken beide: Sie
ist nicht nur räumlich, sondern auch mit Kopf und Herz weggewe-
sen. Zuviel ist mit ihr unterwegs passiert, zuviel vermißt die 32jäh-

rige Buchhändlerin plötzlich am Leben zu zweit. Innerhalb weniger Tage trennt sich das langjährige Paar. Ein kaum verkraftbarer Schmerz für beide, ein Schock für Freunde und Familie. Der Wiedereinstieg ins alte Leben beginnt für die lebenslustige Berlinerin mit Tränen, Vorwürfen und einem überstürzten Umzug. Ein Horrorszenario? Nicht unbedingt. Nur eine besonders verschärfte Form des »Postsabbatical Blues«, zu deutsch die »Heimkehr-Depri-Phase«. Sie gehört zum Ausstieg auf Zeit so unweigerlich dazu, wie die Ängste und Sorgen vor dem Abschied, die sich später als unbegründet herausstellen. Es ist wie bei einer verflossenen Liebe: Wer danach keinen Herzschmerz spürt, hat sie nicht wirklich erlebt. Daher ist es nur natürlich, daß zum Ende eines Sabbaticals einfach eine dicke Portion Wehmut gehört, die manchmal auch an die psychische Substanz geht.

Hinzu kommt oft, daß das sichere alte Geflecht aus Freundschaften, Wertmaßstäben und Lebensgewohnheiten nicht mehr so stimmt wie vorher, weil man sich womöglich grundlegend verändert und alte Vorstellungen abgelegt hat. Daß der enge Freund, den man bisher immer für den wichtigsten Eckpfeiler im sozialen Gerüst gehalten hat, einem plötzlich erschreckend oberflächlich oder materialistisch vorkommt, kann wirklich deprimierend sein. Und erst jetzt zu erkennen, was für einer schwachsinnigen Logik man sich tagtäglich über Jahre in seiner Abteilung unterworfen hat, trägt auch nicht gerade zur Freude bei. Wenn man dann noch die Freiheit, die Sonne oder die neuen Freundschaften seiner Aussteigerzeit vermißt, ist der Blues tatsächlich vorprogrammiert. »Die Rückkehr war schwieriger als das Fortgehen. Wir haben ein ganzes Jahr gebraucht, um uns wieder an die hektischen Lebensumstände hier zu adaptieren«, sagt Johann Neumeier. »Eigentlich trauern wir immer noch ein wenig.« Der Arzt aus Füssen, der mit seiner Familie zwei Jahre in Namibia lebte, hat versucht, sich etwas von dem afrikanischen Rhythmus zu bewahren: »Dort habe ich Muße gelernt. Ich bin viel Kanu gepaddelt und war dann einfach nicht erreichbar.« Nach einem Arbeitstag in einer Klinik im Allgäu geht er jetzt Skifahren und verschwindet in der Natur, um abzuschalten.

Gegen die Sehnsucht nach der vergangenen Zeit können Sie nur mit konzertierten Aktionen angehen: Laden Sie Ihre Freunde zum großen Diagucken samt Essen aller mitgebrachten Leckereien ein.

Lesen Sie Ihr Reisetagebuch von vorne nach hinten nach vorne durch. Rufen Sie jemanden an, den Sie unterwegs getroffen haben und der ebenfalls wieder zu Hause ist, um zu hören, daß es ihm ähnlich schlecht geht wie Ihnen. Surfen Sie im Internet und chatten Sie mit Leuten aus dem Land, in dem Sie waren, oder suchen Sie andere Heimkehrer aus dem Sabbatjahr. Eric Ewald, der noch lange Heimweh nach seinem Traumland Kanada hatte, hängte sich das lebensgroße Bild eines Bären über den Schreibtisch – als Erinnerung an die 23 echten Exemplare, die er in freier Wildbahn traf.

Erinnern Sie sich an den Moment während Ihres Sabbaticals, als Sie kurzfristig mit dem Gedanken spielten, vielleicht ganz auszusteigen? Allein das Wissen, daß Ihnen so viele Möglichkeiten auf der Welt offen stehen und Sie theoretisch jederzeit abhauen könnten, müßte gegen die schlimmsten Rückkehr-Depressionen helfen.

Wenn Sie wieder in eine Familie oder Beziehung zurückkehren, dann sollten Sie auf jeden Fall ein »Sabbatical vom Sabbatical« versuchen: Erst mal eine Woche gemeinsamer Urlaub zur Eingewöhnung in Sachen Liebe, bevor der Alltag und die Arbeit wieder zuschlägt. Nur so findet man auch wirklich die Zeit, dem Menschen, der einem am wichtigsten ist, stunden- und tagelang von all dem zu erzählen, was man in den Monaten allein erlebt hat. Erstens tut das ungemein gut und läßt sich später nie mehr so frisch rekonstruieren, zweitens fühlt sich der andere dann nicht komplett von Ihrem »anderen Leben« ausgeschlossen. Und drittens – das wissen Sie ja nun – kann ein Urlaub nie schaden.

Und das war erst der Anfang

Wenn Sie von schlauen Ratschlägen noch nicht genug haben, dann hier noch ein letzter: Versuchen Sie, Ihre Rückkehr nicht als Anfang vom Ende, sondern als Anfang vom Anfang zu sehen. Ihr Sabbatical ist nicht der Ausgleich dafür, daß es Ihnen vorher schlecht gegangen ist, sondern es ist der Grund, warum es Ihnen in Zukunft besser geht denn je. Ihr Ausstieg wäre völlig für die Katz, wenn Sie nicht ein paar grundlegende Einsichten und Absichten aus dieser kostbaren Zeit mitgebracht hätten, die weiterleben. Warten Sie nicht wieder zehn

Jahre, bis Sie sie in die Tat umsetzen, sondern nutzen Sie das Sabbatical als Auftakt – für mehr Freude, mehr Intensität, mehr Ehrlichkeit, mehr Ursprünglichkeit, mehr Freizeit.

Es wäre jammerschade, wenn Sie während Ihres Bistro-Jobs in Paris das fast vergessene Klavierspielen wieder begeistert aufgenommen haben, aber zu Hause nicht ein einziges Mal in die Tasten greifen. Oder in sechs Monaten Südamerika fließend Spanisch gelernt haben und es in drei Monaten zu Hause wieder vergessen. Oder wenn Sie nicht einmal auf die Idee kommen, daß man das Zelt, in dem man wochenlang im Dschungel gelebt hat, auch an einem Wochenende zwischen der Elbe und der Donau aufschlagen kann.

Es ist absolut menschlich, daß sich nicht alle guten Vorsätze auf Dauer aufrechterhalten lassen. Arne Boecker schwor sich während seiner Reise durch den mittelalterlich anmutenden Jemen, sich zu Hause nie wieder von unpünktlichen Bahnen und hektischen Menschen aus der Ruhe bringen zu lassen. »Und kaum war ich drei Tage in Hamburg«, so der Journalist, »fuhr mir die Bahn weg, und ich war wieder genauso genervt wie eh und je. Darüber habe ich mich dann noch mehr geärgert.«

Die Radikalität, mit der manche nach einem Ausstieg alles verändern wollen, verpufft oft recht schnell – heraus kommt meist nicht die Fundi-, sondern die bescheidenere Realo-Version. Aber auch wenn nicht der totale Ruck durch Ihr Leben geht, bleibt eine ganze Menge mehr zurück, als Sie es anfangs ahnen. Womöglich erkennen Sie erst ein, zwei Jahre später, wie die Weichen durch Ihren Ausstieg auf Zeit langfristig verstellt worden sind.

Wenn Sie irgendwann wehmütig auf die vielleicht schönsten Monate Ihres Lebens zurückschauen und sich fragen, was Ihnen denn davon nun eigentlich geblieben ist, liegt die Antwort längst auf der Hand: Sie wissen jetzt, wie es geht – die hohe, aber gar nicht so komplizierte Kunst des Aussteigens auf Zeit. Sie haben einmal Mut bewiesen und sich gegen alle Widerstände durchgesetzt, und Sie können es auch ein zweites Mal tun. Mit dem enormen Vorsprung, daß Sie jetzt wissen, was Ihnen gut tut, Spaß macht und in Ihrem Leben wichtig ist.

Der Satz »Ich kann immer wieder gehen!« – und wenn er nur im Hinterkopf schlummert und nie ausgesprochen wird – ist das heimliche Mantra, das einen auch schwierige Phasen leichter überstehen läßt. Wie bei Sergio Maddalena: Um sein drittes Sabbatical antreten zu können, kündigte er bei Migros. Seitdem arbeitet er zum einen freiberuflich für die Firma, zum anderen als selbständiger Personaltrainer, was ihm pro Jahr 12 Wochen Zeit für Urlaub und andere Aktivitäten ermöglicht – und für ein nächstes Sabbatical: »Ich möchte im Jahr 2000 wieder eine längere Radtour machen, um dieses wundervolle Freiheitsgefühl erneut zu erleben.«

Die amerikanische Aussteigerexpertin Hope Dlugozima rät: »Befreien Sie sich von dem Gedanken, daß das Sabbatical eine einmalige Erfahrung sei, und sehen Sie es lieber als Immer-mal-wieder-Erfahrung.« Denn eines ist sicher: Sabbaticals sind ansteckend, und jeder, der wiederkehrt, verbreitet den Virus in sich und bei anderen.

Vielleicht sind wir ja eines Tages soweit, und der Ausstieg auf Zeit ist so selbstverständlich, daß niemand mehr darüber ein Buch lesen muß. Statt dessen brauchen wir dann einen neuen Ratgeber: Wie man die Arbeit sinnvoll gestaltet – als Pause zwischen den Sabbaticals.

Aussteigerbericht III
Die Fortsetzung des Lebens mit anderen Mitteln

Acht Monate reiste die Fernsehmoderatorin Sandra Maischberger mit ihrem Lebensgefährten, dem Kameramann Jan Kerhart, um die Welt. Die Stationen ihrer Reise schildert sie in Rückblenden.

Der Traum

Reisen ist für mich immer ein Glücksgefühl gewesen. Eine Sehnsucht, die mich auch dann an die Flughäfen getrieben hat, wenn ich selber nicht losgeflogen bin. Oder die sich einstellte, wenn ich mit dem Vorortzug 30 Kilometer aus der Stadt rausfuhr und die Landschaft anfing, an mir vorbeizuschweben. Die Idee einer Weltreise kam dann zuerst während des letzten Schuljahres. Es war mein fester Vorsatz, danach ein Jahr lang abzuhauen – damals noch am liebsten nach Jamaica.

Ich verstand auch nicht, daß alle anderen sich für einen Studienplatz anmeldeten und sich gleich wieder in diese Mühle begaben. Ich dachte, ich sollte lieber erst mal auswandern. Noch während des Abiturs habe ich mich jedoch auf eine Anzeige des Bayerischen Rundfunks beworben, und ein paar Monate später hatte ich meine erste Radiosendung. Ich fing an zu arbeiten und dachte, diese Reise kann ich ja irgendwann mal machen.

Als die 10-Jahres-Marke immer näher rückte, kehrte die Idee zurück. Damals machte ich mit Jan, meinem Kameramann bei Spiegel TV, meinen ersten gemeinsamen Dreh. Wir fuhren zusammen im Schnee von Krakau nach Auschwitz, durch eine ziemlich trübe Gegend, und stellten beim Reden fest, daß wir beide diesen Traum einer Weltreise hatten. Nicht nur das – wir hatten sogar fast die gleiche Route im Kopf. Das war ein guter Moment. Danach haben wir ein halbes Jahr so nebeneinander her gearbeitet. Als wir etwas näher zusammengerückt sind, war auch sofort wieder das Bild dieser Reise da. Da ging es dann wirklich um die Idee »einmal um die Welt« – eine ganz archaische Geschichte, so weit zu kommen wie man kann. Dazu kam, daß wir in unserem Job unheimlich viel gereist sind: Immer nur Zwei- bis Drei-Tages-Trips, bei denen man wieder abreist, wenn die Sehnsucht gerade wach geworden ist. Je mehr wir in diesen kurzen Etappen gereist sind, desto mehr hatten wir Lust, richtig frei zu sein und auszubüxen und die Kamera sowie sämtliche Interview-Konzepte zu Hause zu lassen. Als Journalistin läufst du schnell Gefahr, daß du ein Second-Hand-Leben führst, weil du dich von der Erfahrung anderer ernährst. Ich wollte lieber etwas First-Hand erleben.

Abschied und Ängste

Als Jan und ich ein Jahr lang zusammen gearbeitet hatten, wußten wir, daß wir zusammen sein wollten. Da man sich in dieser Branche schnell aus den Augen verliert, wenn man viel unterwegs ist, wollten wir etwas machen, was nur uns gehört. Außerhalb des Berufs gemeinsam das Leben zu genießen, war in dem Produktionsrhythmus, in dem wir lebten, aber nicht möglich. Wenn wir allerdings auf den Moment gewartet hätten, der opportun gewesen wäre, um abzuhauen, dann würden wir noch immer hier sitzen. Wir dachten einfach, daß wir diese Reise jetzt machen müßten, weil es irgendwann später noch viel schwieriger würde, sich aus dem ganzen Geflecht von Job, Miete, Versicherungen und ähnlichem zu lösen. Außerdem war es gut, einen erstklassigen Job dafür aufzugeben – bewußt zu sagen: Diese Sache ist mir jetzt wichtiger.

Letztendlich haben wir beide gekündigt beziehungsweise die Verträge, die wir hatten, nicht mehr verlängert. Das war zu der Zeit gar nicht so leicht. Bei Spiegel TV, wo Jan als Kameramann und ich als Interviewerin arbeitete, hat man es erst nicht ernst genommen, als ich sagte:»Paßt auf, Leute, ab Mitte des Jahres bin ich weg!« Die dachten, ich spinne nur rum. Als ich dann tatsächlich irgendwann betonte, das sei jetzt der letzte Dreh, den ich machen würde, waren sie plötzlich sehr erstaunt. Viele im Job haben ganz extrem reagiert. Ich bekam die kleine Szenerie des Ausgestoßenseins zu spüren. Über uns wurde gelästert, wir galten als durchgeknallt. Die Leute behaupteten, wir gingen jetzt auf einen Selbsterfahrungstrip. Vielleicht hatten sie ja heimlich auch immer an so etwas gedacht, aber es nie gemacht.

Zwei Wochen, bevor es dann losging, bekam ich plötzlich richtig kalte Füße. Ich stellte mir vor, ich sitze in 30 Jahren da und merke, daß ich einen Fehler gemacht habe: Mich von einer Sendung zu verabschieden, um die mich damals noch viele beneidet haben. Mein gutes Standing in der Firma zu gefährden, indem ich sie vor den Kopf stoße und signalisiere:»Mein Leben gehört wieder mir, ihr könnt nicht mehr frei über mich verfügen.«Ich hatte Ängste, daß ich nie wieder einen Job finden würde, keiner mich mehr wird haben wollen und die Leute mich vergessen werden. Um die schlechten Gedanken zu vertreiben, habe ich schlicht und ergreifend einfach mal mein Flugticket rausgeholt. Ich sah mir die Namen der Orte an, in denen wir landen würden, und das half.

Schweben an der Moldau

Wir haben die ersten fünf Wochen in Prag verbracht, Jans Heimatstadt, in der wir schon immer länger als nur einen Tag bleiben wollten. Als wir dort morgens um fünf Uhr aus dem Auto stiegen, war es wie das Aufwachen in einem völlig anderen Leben. Wir haben in einer kleinen Dachwohnung ein Stück Studentenleben nachgeholt. Morgens standen wir spät auf, tranken irgendwo Kaffee, trafen uns mit Freunden an der Moldau, gingen abends in Konzerte oder ins Theater und hockten bis in die Puppen in irgendwelchen Kneipen.

Oft saß ich auch in dem Kämmerchen und tippte an dem Exposé für ein Buch, das ich für einen Verlag schreiben sollte. Es kam mir vor wie das reinste Boheme-Leben – wie das, was ich früher nach der Schule verpaßt hatte. Einfach nur rumdödeln und gucken, was man überhaupt machen will. Daran hätte ich mich wirklich gewöhnen können. Die Arbeit bei Spiegel TV war völlig ausgeblendet. Nur in meinen Träumen kam sie noch vor. Aber dann war auch das ganz weit weg. Ich schrieb begeisterte Briefe an meine Freundinnen in Deutschland – alles war toll. Diese Schwerelosigkeit hatte ich mir immer erhofft und bis dahin nicht gekannt, weil ich mich stets disziplinieren und etwas leisten mußte. Immer waren schon die nächsten Termine und Vorhaben im Kopf. Aber einfach zu sagen »Ich habe nichts vor« – das war wunderschön. Ich war euphorisch und so inspiriert wie schon lange nicht mehr. Das Buch habe ich dann allerdings doch nicht weitergemacht, denn es hätte bedeutet, unterwegs daran arbeiten zu müssen. Das hätte mir die komplette Reise gekillt.

Gedrucktes und Geschriebenes

Wir kamen noch einmal kurz zurück in unsere Wohnung, die eigentlich nicht mehr unsere war, packten die Koffer um, und dann ging es richtig los. Die Reiseroute war Nordamerika, dann die Cook-Inseln, Fidschi, Neuseeland, Australien, Thailand, zuletzt Israel. Jeder von uns hatte eine große Tasche und einen kleinen Rucksack dabei. Ein paar Hosen, T-Shirts, Schreibzeug, Schlafsäcke und Musikkassetten. Ganz wichtig war Jans Walkman mit kleinen Boxen. Da ich auf langen Reisen am liebsten Bücher lese, die ich danach wegwerfen kann, nahm ich unglaublich viele Reclam-Hefte mit. Sachen, die ich noch nie gelesen hatte wie »Also sprach Zarathustra«. Ich habe auch alle Hefte gelesen, Nietzsche allerdings mit wenig Begeisterung.

In Amerika, unserem ersten Ziel, saß ich irgendwo in einem Waschsalon und las »Rituale« von Cees Noteboom in einem Zug durch, während die Wäsche trocknete. Das entsprach genau meiner Vorstellung von Freiheit: Die Wäsche war längst schon fertig, aber ich saß noch immer da und las, fasziniert und völlig absorbiert.

Briefe waren ungemein wichtig. Vor dem Abflug hinterlegte ich bei Freunden eine Liste mit postlagernden Adressen. Es war toll, in einer neuen Stadt anzukommen, in der man sich zurechtfinden mußte und dann als erstes aufs Hauptpostamt zum Poste-Restante-Schalter zusteuerte. Zur großen Verzweiflung von Jan bin ich dort nämlich immer ganz aufgeregt hingerannt und habe nach Briefen gesucht. Das war jedesmal wie ein kleiner Geburtstag. Es war schon interessant: All die Leute, von denen wir dachten, die würden auf jeden Fall schreiben, haben es bis auf zwei Ausnahmen nicht getan. Dafür kamen ganz überraschend andere dazu. Aus der Entfernung habe ich viele Freundschaften dadurch anders reflektiert. Vieles, was ich vorher als nah empfunden hatte, war eigentlich weiter weg, als ich es je gedacht hatte. Vielleicht war man in der Hektik davor auch überfüttert. In unserem Beruf kann man sich schnell an Menschen besaufen, so daß man nichts mehr klar sieht.

Bei Albert im Paradies

Die Fidschis bestehen aus 350 Inseln. Auf einer von ihnen lebt ein Mann namens Albert, der einmal die Tochter eines Stammeschefs geheiratet hat. Seitdem gehört ihm ein Teil einer Insel. Daraus machte er Albert's Place, eine Ansammlung von kleinen muschelgesäumten Hütten und einem Strand für umgerechnet 24 Mark Vollpension pro Nacht.

Unser Abenteuer Albert's Place fing damit an, daß wir auf ein Boot stiegen, auf dem zwei Kälber und mehrere Benzinfässer standen. Hinten saßen ein paar gutgelaunte Fidschianer, die Baracudas und Schildkröten fingen, vorne wir Touristen, denen vom Segeln ziemlich schnell schlecht wurde. Links und rechts von uns lagen Inseln, wie ich sie nur aus Comics kannte: Ein Sandhaufen, eine Palme drauf. Nach 11 Stunden Überfahrt – geplant waren fünf – gingen wir von Bord. Ein Ort wie im Katalog: Mit 20 jungen Leuten aus aller Welt, die dort hängengeblieben waren und gemeinsam in den Tag hineinlebten. Vormittags fuhr man zum Tauchen raus, mittags kochte Alberts Frau für alle einen Fischeintopf, nachmittags spielten wir Beachball, holten Kokosnüsse vom Baum oder stahlen dem armen Albert Mangos aus dem Garten. Wunderschönstes Faulenzen war das. Das Bier dort hieß »Fidschi Bitter«, aber weil es in Alberts Kühlschrank neben den Fischen lag und entsprechend roch, tauften wir es »Fishy Bitter«.

Dieses Ausgesetztsein und die kleine Gemeinschaft von Leuten, die sich zufällig gefunden hatten – darunter auch ein amerikanisches Pärchen, das ich heute noch zu meinen besten Freunden zähle –, dieses Leben war das Paradies. Was ich sehr genossen habe, waren die Träume. Ich habe phantastische Träume gehabt und manchmal noch den ganzen nächsten Tag lang darin gelebt. Das kam daher, weil der Kopf frei war. Meine rege Phantasie, die ich sonst nicht ausleben kann, ist wieder ausgebrochen. Es gab keinen Strom auf der Insel. In den wenigen Stunden, die der Generator lief, konnte man fernsehen – allerdings nur Videos über Wale. Es gab auch kein Telefon. Zweimal in der Woche kam das Boot und brachte Nachrichten, frisches Bier und neue Leute. Die fragte man dann aus, was denn draußen so passiert war. Es hätte inzwischen der dritte Weltkrieg ausbrechen können – wir hätten es nicht mitgekriegt. Bei Albert konnte man weder mit Schecks noch Kreditkarte zahlen, aber mit jeder Währung dieser Welt. Also blieben alle so lange, wie ihr Bargeld reichte. Einer, der wohl länger bleiben wollte, verkaufte mir einen drei Monate alten Spiegel, viel zu teuer für 20 Dollar. Den habe ich von vorne bis hinten durchgelesen und sehr genau geguckt: Was ist denn eigentlich wirklich Wesentliches passiert? Das parteipolitische Geplänkel und die heißgestrickte, spannungsgeladene Aktualität, die die Nachrichten montags in Hamburg haben, die waren völlig verpufft. Wenn ich heute den Spiegel lese, frage ich mich manchmal: Wie klingt diese oder jene Geschichte wohl drei Monate später in Albert's Place? Dann kann ich das Heft relativ schnell durchblättern.

Zu zweit

Jan und ich waren in den acht Monaten die ganze Zeit zusammen. Jeden Tag, 24 Stunden lang. Ich hatte vorher noch nie mit einem Mann gelebt, weil ich immer Angst hatte vor der Regelmäßigkeit und dem Alltag. Nun hatten wir auf der Reise Alltag, denn wir waren alltäglich zusammen – daß wir das konnten, war eine Entdeckung für mich. Wenn wir Spannungen hatten, dann nur in den Großstädten. Da kam dieses Organisieren auf – wohin, welches Hotel – solch kleiner Quatsch halt. Dabei haben wir uns schon mal gefetzt und verbrachten den Nachmittag lieber alleine. Abends waren wir aber jedesmal froh, uns wiederzusehen.

Je länger wir zusammen waren, desto schöner wurde es. Wir sind auf eine Art und Weise miteinander verschmolzen, bei der die Gemeinsamkeiten so groß werden, daß man die gleiche Sprache gebraucht und dieselben Gedanken zur selben Zeit hat.

Wir haben eine ganz andere Art von Gesprächen geführt als früher. Es gab auch Tage, wo man sich in der Landschaft bewegte und seinen eigenen Weg im Kopf ging, kein Wort zueinander sagte, und sich dann abends erzählte, wo man gewesen war. Unsere Beziehung bekam dadurch eine Intensität, die ich vorher nicht kannte, höchstens mal geahnt habe, wenn wir auf Kurzurlauben waren. Das größte Verdienst dieser Reise ist, daß wir einen Boden gelegt haben, auf dem wir jetzt zusammen gehen. Und diesen Boden verlassen wir nicht mehr.

Wenn man weiß, wie schnellebig die Zeit hier ist, auf wie viele neue Menschen und Gesichter und Impulse man trifft, dann ist das unheimlich wertvoll. Wir haben jetzt eine Sache gemeinsam, die nur uns gehört und die wir geteilt haben. Das macht uns zu einer kleinen Einheit, auch wenn wir uns viele Wochen lang nicht sehen. Mich interessiert überhaupt kein anderes Leben mehr als das mit diesem Mann. Wenn ich mit ihm eine solche Strecke wie diese Reise leben kann, dann kann ich mit ihm auch mein Leben leben.

Im Land der Kiwis

Als wir wieder in der Zivilisation landeten, in Neuseeland, machten wir drei Tage lang nichts anderes, als in Auckland ins Kino zu gehen. Und zwar vormittags, nachmittags und abends – volles Programm. In den Städten lebten wir meistens in Backpacker-Hostels, einer Art Jugendherberge für Traveller. Das war toll für mich, denn ich war endlich mal mit Leuten meines Alters zusammen. Ich war eine von allen und trug plötzlich sogar die gleichen Sachen wie sie, Trägerkleidchen und Turnschuhe. Das kannte ich nicht mehr, seit ich 16 gewesen war, denn seit ich angefangen habe zu arbeiten, habe ich mich meistens in dieser Erich-Böhme-Generation bewegt. Wenn Leute mich fragten: »What are you doing back home?« (Was machst Du zu Hause beruflich?), habe ich mir daraus einen Spaß gemacht,

zu sagen »I have my own TV-Show« (Ich habe eine eigene Fernseh-
sendung). Sie haben es nie geglaubt. Das war schon lustig und auch
befreiend, denn was ich beruflich erreicht habe, hat in dem Moment
überhaupt keine Rolle mehr gespielt. Ich mußte mich nicht irgendwie verhalten.

Neuseeland war wie eine Abenteuerinsel für uns. Wir haben
jeden, aber auch jeden noch so großen Quatsch mitgemacht. Wir
sind auf Vulkanen rumgeklettert, sind Bungee gesprungen, ließen
uns von einem unterirdischen Fluß durch ein Höhlensystem ohne
Tageslicht treiben. Wir sind Wasserfälle durch irgendwelche Fels-
spalten hochgeklettert, haben Aale im Wasser und Glühwürmchen
an der Decke gesehen. An einem Felsvorsprung in einer Höhle hör-
ten wir vier Meter unter uns das Wasser rauschen, aber man konnte
es nicht sehen. Als es hieß »Springen!«, war ich die erste, die da run-
tergesprungen ist, ohne zu warten, bis ich einen Gummireifen
umhatte. Ich war wie ein Kind, völlig ausgelassen und bin nur rum-
gehüpft. Jan meinte immer: »Sei mal ein bißchen leiser!«, wenn ich
wieder juchzend irgendwo über eine Klippe gesprungen oder auf
einen Baum geklettert bin. Aber ich war einfach irrsinnig glücklich.

Von Menschen und Städten

In irgendeiner Berghütte trafen wir einen Jäger mit seinen Hunden.
Er war so alt wie wir und ging auf Opossumjagd. Den Tieren zog er
immer gleich das Fell über die Ohren und bekam dafür einen Stück-
preis. Mit seiner Freundin, die gerade den Hubschrauber-Piloten-
schein machte, lebte er die Hälfte des Jahres auf der Südinsel, wo es
so wild ist, daß man nur noch zu Fuß weiter kommt. Wenn er dort fertig gejagt hatte, tauchte er wieder in der Zivilisation auf. Die beiden
sahen aus und rochen wie Trapper. Ich dachte bis dahin, so ein Trap-
perleben hätte es nur zur Gründerzeit der Vereinigten Staaten gegeben. Völlig irre. Ein anderer, den ich nicht vergessen werde, ist ein
Deutscher, der in Neuseeland sein Geld damit verdiente, Baumhäu-
ser zu bauen. Absolut faszinierend.

Die vielen Arten von Lebensentwürfen, die ich gesehen habe,
haben mich unheimlich beeindruckt: Womit Menschen im Guten

wie im Schlechten ihr Leben fristen. Für mich war die Wichtigkeit von »Promis« schon immer relativ. Seit der Reise messe ich einige der prominenten Biographien, mit denen ich mich jetzt beschäftige, an dem reichhaltigen Leben der Leute, die ich unterwegs kennengelernt habe. Das sind dann wahrscheinlich die besseren Geschichten – aber von jemand Unbekannten.

Ich habe mich manchmal gefragt, wie ich nur so blöd und verbohrt sein konnte, mein Blickfeld auf diese klitzekleine Welt der Medienlandschaft, die ich mir aufgebaut habe, zu beschränken. Diese Medienwelt ist wie eine Art Heroin. Sie hält dich süchtig, so lange du dich in ihr befindest. Deshalb ist ein Entzug ab und zu mal ganz gut. Aber so lange ich hier arbeite, bin ich hundertprozentig dabei. Ich muß nur im Hinterkopf wissen: Es gibt noch eine Tür zu einem anderen Leben, nur zu einer anderen Zeit an einem anderen Ort. Und ob dieser Ort nun irgendwo in der Welt ist oder in mir selber, ist eigentlich egal. Wenn ich heute solche trüben Gedanken habe, daß alles beruflich aus ist und nicht weitergeht, dann sage ich mir, daß ich auch immer noch nach Israel fahren, Kellnerin werden und Tauchgeräte verleihen kann. Egal, was auch passiert: Wir werden diese Welt immer haben, in die wir zurückkehren können. Das ist so viel wert.

Wir haben allerdings beim Reisen festgestellt, daß wir absolute Europäer sind. Diese aus dem Boden gestampften Ansiedlungen in den neuen Welten geben uns nicht das Gefühl, das uns eine Stadt mit Geschichte vermittelt. Es war eine interessante und wertvolle Entdeckung, mit der ich zurückkam: Ich bin nicht die Frau, die in die Wüste Australiens oder Amerikas zieht.

Silvester

Über Weihnachten stieß ein Freund von Jan aus Deutschland für eine Woche zu uns in Australien. Es lief von Anfang an asynchron. Wir konnten uns nie darauf einigen, was man an einem Tag macht – ob viel Programm oder wenig. Er kam aus einer Welt, der wir nicht mehr angehörten. Jan und ich lebten in einem völlig anderen Zeitgefühl und sahen die Welt buchstäblich mit anderen Augen. Es war, als ob Betrunkene auf Nüchterne treffen.

Am 31. Dezember kamen wir an einem Küstenabschnitt an, vor dem ein Robbenfelsen lag. Man konnte dort Tauchausrüstungen leihen und rausschwimmen. Jan und ich waren völlig in unserem Element und überredeten besagten Freund samt Freundin, mitzukommen. Schließlich war heute der letzte Tag des Jahres – etwas Besonderes. Aber die beiden blieben lieber auf dem Parkplatz. Wir gingen also mit den Robben tauchen, spielten ausgelassen mit ihnen unter Wasser wie mit einem Rudel junger Hunde. Es war ein wunderschönes Erlebnis. Wir kamen strahlend und erschöpft an Land, und die beiden saßen immer noch auf diesem Parkplatz rum. Es war richtig traurig, mit diesen Leuten Silvester zu feiern. Als wir uns danach trennten und wieder alleine waren, war es besser. Die beiden flogen zurück nach Hamburg und haben dort erzählt:»Jan und Sandra sind völlig abgehoben.« Da war nichts, aber auch gar nichts mehr gleich.

Das Schlammloch

In Australien wollten wir die Wüste durchqueren und mieteten uns für drei Wochen einen Jeep, in dem man auch schlafen konnte. Die Straße, die wir wählten, war eine 2000 Kilometer lange Schotter- und Sandpiste. Man konnte nicht schneller als 40 Stundenkilometer fahren. Manchmal lagen zwischen einer Tankstelle und der nächsten 600 Kilometer. Für Notfälle hatte man ein Funkradio dabei. Aber ansonsten war man mutterseelenallein dort draußen mit Spinnen, Leguanen, Känguruhs und der sengenden Hitze. Man fuhr also durch die Wüste und wußte von der Landkarte, daß die nächste Stadt Windmill House oder Windy Corner oder wie auch immer hieß. Wir stellten uns dann vor, daß da ein See sein müßte, Berge vielleicht, und sicher eine schöne Kneipe, in der man Bier trinken kann. Wenn man dann ankam, gab es da drei verstaubte Häuser, einen Wasserturm und eine Giftschlange in der Garage. Woraus man lernen konnte, daß alles immer völlig anders ist, als man es sich vorstellt. Und das ist gar nicht so schlecht.

An einem Tag hatte es geregnet, was sehr ungewöhnlich war. Der schöne feine rote Sand hatte sich in schönen dicken roten Schlamm verwandelt. Immer, wenn so eine Pfütze auf der Strecke lag, wateten wir durch, um zu sehen, wie tief sie war. Einmal haben wir das wohl nicht an der richtigen Stelle gemacht. Wir fuhren durch die Schlammpfütze und steckten plötzlich zur Hälfte in einem Loch. Das Auto hing so schief da, daß ich dachte, es kippt jeden Moment um. Das wäre das Ende gewesen. Zuerst haben wir noch gedacht, wir kommen da irgendwie raus. Haben gezogen und geschoben und Steine drunter gelegt. Einen Tag lang schufteten wir in der Hitze, die Fliegen summten, und in kürzester Zeit waren wir knallrot – die verfärbten Sachen habe ich heute noch.

Als die Sonne am Ende des Tages unterging, war uns klar, daß wir den Wagen nicht mehr rausbekamen. Ich war natürlich sauer auf Jan, weil er uns da reingefahren hatte. Und dann bekam ich richtig echte Angst: Wir hatten noch 20 Liter Wasser, was nicht so toll ist, wenn du weißt, daß du auf der Mitte der Strecke bist und noch 300 Kilometer in jede Richtung hast. Im Auto konnten wir nicht übernachten, denn das stand schief. Wir wollten gerade unsere Matratzen zwischen die Schlangen und Spinnen rauslegen, als in dem Moment mit der untergehenden Sonne aus dem Westen ein anderes Auto auftauchte. Das einzige Auto, das in vier Wochen diese Strecke fuhr – außer uns. Darin saß ein australisches Paar, das genau die gleiche verrückte Idee gehabt hatte wie wir. Sie hatten eine Winde dabei, und mit vereinten Kräften haben wir den Jeep rausziehen können. Die Nacht verbrachten wir gemeinsam in der Wüste, und am nächsten Tag fuhren wir weiter in entgegengesetzte Richtungen. Vorher haben wir uns noch gegenseitig genau beschrieben, wo welche Löcher am tiefsten sind: »Kilometer 460: Vorsicht, rechts rum fahren!«

Die nächsten Stunden hatte ich vor jedem dieser Löcher eine riesige Angst. Als wir dann tatsächlich noch mal steckenblieben, bekam ich einen echten Adrenalinschub, der unten an der Wirbelsäule anfing, den Rücken hoch lief und mir die Nackenhaare aufstellte. Diesmal kam kein Auto, aber wir schafften es alleine. Wenn die Reise vorher das Paradies gewesen war, dann war diese Situation so, als ob wir die einzigen Menschen auf der Welt wären. Eine wirklich existentielle Erfahrung.

An diesem Abend hielten wir an einem kleinen Tafelberg an. Wir wußten, daß es im Umkreis von 200 Kilometern nichts gibt, einfach gar nichts, auch keine Aborigines. Da standen wir mit unserem

Auto, haben Abendessen gemacht, und fühlten uns wie die ersten oder die letzten Menschen auf dieser Erde. Als wir endlich die Wüste durchquert hatten, kamen wir an der Westküste Australiens an. Abends liehen wir uns Boogie-Boards aus und verbrachten dann die Nacht im Jeep am Strand. Am nächsten Morgen gingen wir Wellenreiten. Wir flogen über das Wasser – es war solch ein Mordsspaß, ein einziges jubilierendes Gefühl. Auf dem Parkplatz ließ ich mich danach von Jan mit dem Rest Trinkwasser aus unserem Kanister abduschen, rieb mir das Salz von der Haut, und dann gaben wir das Auto zurück.

Dieser letzte Tag hatte wieder jene Schwerelosigkeit. So stelle ich mir am liebsten mein weiteres Leben vor: Die Kinder sitzen am Strand und spielen, und wenn sie jemand fragt, wo eigentlich ihre Eltern sind, dann zeigen sie aufs Meer und sagen: »Da draußen in den Wellen.«

Hamburg

Wir mußten uns von vielen Leuten anhören, daß wir diese Reise ja nur machen konnten, weil wir so viel Kohle hätten. Eine Kollegin von mir, die sicher weniger verdient, hat sich während der gleichen Zeit ein kleines Sport-Cabriolet gekauft. Ich habe dann mal zusammengerechnet, daß das, was wir zu zweit für unsere Reise ausgegeben haben, ziemlich genau dem entsprach, was ihr Auto gekostet hat. Ich würde für ein Auto nicht so viel Geld ausgeben. Alles andere ist vergänglich, aber diese Reise nicht.

Als unsere acht Monate langsam abliefen, wollten wir am liebsten noch mal vier dranhängen. Zwei Wochen, bevor ich wiederkam, machte ich dann in Israel den ersten Anruf bei Spiegel TV. »Komm zurück, es gibt viel zu tun«, meinten sie dort. Damit war die Sache dann entschieden. Als wir in Hamburg landeten, warteten am Flughafen nicht die Freunde, mit denen wir gerechnet hatten, sondern die Kollegen von Spiegel TV – mit Champagner, selbstgemalten Schildern und der Nachricht, daß ich nächste Woche den Schauspieler Dustin Hoffman interviewen könne. Ein toller, warmer Empfang – ich habe mich total gefreut. Innerhalb von ein paar Tagen saß ich wieder über Archivmaterial, las mich in Dustin Hoffmans Leben ein und fing an zu arbeiten.

Es war März, es gab noch keine Blätter auf den Bäumen, und dann fing es auch noch an zu schneien. Ich saß bei den Konferenzen in der Redaktion und fragte mich, auf welchem Stern die anderen eigentlich leben: Die Themen, die angeblich bewegen sollen, die »wichtigen« Leute, die was zu sagen hatten. Wir fragten immer: »Und was ist bei Euch passiert?« Es war nie viel. Wir hatten das Gefühl, die Welt in Deutschland sei stehengeblieben. Die Probleme und die Themen der Leute waren noch genau die gleichen wie vor acht Monaten. Das war unglaublich. Und wahrscheinlich sind wir heute wieder genauso wie diese Leute.

Die Reise habe ich auch deshalb genossen, weil ich zehn Jahre darauf gewartet habe. Und danach habe ich meine Arbeit sehr gerne gemacht, weil ich sie monatelang nicht hatte. Wer mich wieder traf, fand, daß ich weniger verbissen war. Das Interview mit Dustin Hoffman wurde dann eines der besten, das ich je gemacht habe. Was sicher mit daran lag, daß wir fast nur gelacht haben. Ich war wahnsinnig gut drauf. Und ich hatte einen Sinn für sein Leben und konnte mich in ihn hineinfühlen. All die standardisierten Abläufe, die ich als Journalistin trainiert hatte, galten nicht mehr. Es war einfach nur witzig.

Abspann

Was habe ich zu Hause verpaßt? Einen Haufen langweiliger Interviews, weil ich irgendwann nicht mehr begriffen hätte, worum es geht. Berührt werden zu können von anderen Leben: Das wäre mir als Journalistin ohne diese Auszeit verlorengegangen. Aussteigen heißt für mich nicht, daß man vorher drin ist und jetzt draußen. Nein, es ist eine Fortsetzung des Lebens mit anderen Mitteln. Und für mich war es eine Regeneration für die Seele, den Kopf und den Körper. Ich habe eine andere Ruhe bekommen. Unsicherheit und Zweifel begegne ich jetzt mit einer gewissen Lässigkeit: »Es gibt ein Leben nach dem Abspann.« (Zitat Friedrich Küppersbusch, TV-Moderator).

Wenn ich beruflich etwas Neues mache, dann nicht nur aus Karrieregründen, sondern weil es mich irgendwie anders anspricht. Ich glaube nicht, daß ich die gleichen Erfahrungen gesammelt hätte, wenn ich die acht Monate an meinem Arbeitsplatz gewesen wäre. Im Kopf bin ich reicher geworden. Die anderen mögen gefunden haben, daß ich nicht von dieser Welt bin. Aber diesmal weiß ich, daß ich im Recht bin.

Aussteigen von A – Z

Move your ass and your mind will follow.

Amerikanisches Sprichwort

Free your mind and your ass will follow.

George Clinton and the Funkadelics

Abonnements

Werfen Sie einen Blick auf Ihre Kontoauszüge und kündigen Sie
möglichst rechtzeitig alles, was Sie monatlich belastet: Zeitungs- und
Zeitschriftenabonnements, die Mitgliedschaft im Fitness-Club, bei
der Bioladen-Genossenschaft oder im Videoladen. Schauen Sie im
Kleingedruckten nach: Meist beträgt die Kündigungsfrist drei Monate zum Ablauf des Vertrages. Wenn Sie vorzeitig aus einem Vertrag aussteigen wollen, sollten Sie sich vorher juristischen Rat, z. B.
bei den Verbraucherzentralen, holen. Dann sind die Formulierun-
gen in Ihrem Kündigungsschreiben in jedem Fall korrekt und Sie finden vielleicht das Schlupfloch, durch das Sie früher aus der Vereinbarung rauskommen. Manche Verträge schließen einen Umzug in
eine andere Stadt – was einem Auslandsaufenthalt gleichkäme – als
vorzeitigen Kündigungsgrund ausdrücklich aus. Niemals einfach nur
die Zahlung unkommentiert einstellen – damit ziehen Sie garantiert
den kürzeren.

▶ **Post,** Seite 145
▶ **Rundfunk und Fernsehen,** Seite 147
▶ **Telefon,** Seite 150

Abschied

Sie sind zwar nicht für immer aus der Welt, aber schließlich gibt es genug zu feiern. Warum stoßen Sie nicht mit allen Menschen, die Sie mögen, auf Ihr Sabbatical an? Das erspart Ihnen außerdem die 50 Abschiedsbesuche und Telefonate, die Sie sonst noch in die letzten zwei Wochen vor Ihrem Abflug quetschen müssen. Machen Sie sich bei Ihrer Farewell-Party allerdings auf Anflüge von Wehmut gefaßt und auf eine Fülle unbrauchbarer Abschiedsgeschenke: Deutschlandfähnchen, silberner Brieföffner, 15 Sonnenschutzmittel von Faktor 4 bis 30 etc.

Auslandskonto: ▶ Geld, Seite 132

Auto

Wer sein Fahrzeug für längere Zeit unterstellen will, sollte in mehr investieren als nur in eine trockene Parkfläche: Garagen kosten um 100 Mark im Monat, Stellplätze weniger. Damit das gute Stück während Ihrer Abwesenheit nicht leidet, müssen Sie vorher Hand anlegen. Im Idealfall heißt das: waschen und wachsen; Batterie ausbauen und auf einer Holzfläche lagern; Kühl- und Bremsflüssigkeit erneuern; per Wagenheber aufbocken, damit die Reifen entlastet werden; Baumwollabdeckung über den Wagen legen und volltanken, damit der Tank nicht rostet.

Bei mehrmonatiger Abwesenheit lohnt sich eine Ruheversicherung: Sie zahlen für diese Zeit keine Beiträge, das heißt, der Versicherungsvertrag verlängert sich um die Zeit Ihrer Abwesenheit. Sie sind aber trotzdem haftpflichtversichert und abgesichert bei Brand-, Hagel- und Sturmschäden, Diebstahl und durch Diebstahl entstandene Schäden. Voraussetzung für eine Ruheversicherung ist die Abmeldung und spätere Anmeldung bei der Kfz-Zulassungsstelle. Der Wagen muß außerdem auf einem »umfriedeten Raum« geparkt sein. Klären Sie vorher bei Ihrer Versicherung, in welchem Zeitraum neue Einstufungen vorgenommen werden: Wenn die Ruheversicherung länger als ein halbes Jahr dauert, rutscht man meist eine Rabattstufe tiefer.

Auf keinen Fall sollten Sie Ihren abgemeldeten Wagen auf einem öffentlichen Parkplatz oder am Straßenrand parken. Das gibt nicht nur Strafzettel, sondern auch Punkte in Flensburg. Eine andere Möglichkeit: Warum verbinden Sie nicht das Angenehme mit dem Nützlichen und verleihen Ihr Fahrzeug an einen netten autofreien Menschen, solange Sie weg sind? Er freut sich, und Sie sparen die Garagen- oder Unterstellkosten.

Angenommen, Ihr Auto-Sitter baut mit Ihrem Wagen einen schweren Unfall: Ist Ihr Auto vollkaskoversichert, dann entsteht als Schaden lediglich die Rückstufung bei der Haftpflichtversicherung. Dieser Bonus-Verlust kann 1000 bis 3000 Mark betragen. Ist Ihr Auto nur teilkaskoversichert und noch dazu teuer, liegt der Schaden natürlich weitaus höher. In beiden Fällen muß Ihr Freund laut BGB für die Kosten aufkommen, sonst treffen Sie sich vor Gericht wieder.

Auch wenn Sie normalerweise nur teilkaskoversichert sind, lohnt es sich daher, für den Fall der Fälle den Wagen vorübergehend vollkasko versichern zu lassen. Ihr Freund sollte natürlich die Zusatzkosten übernehmen.

Auch Beulen und Kratzer, die er während Ihrer Abwesenheit zu verantworten hat, gehen auf seine Rechnung. Komplizierter wird es bei Motor- oder Verschleißschäden. Hat Ihr Freund vergessen Öl nachzufüllen und dadurch das Getriebe ruiniert, ist er für die Reparatur verantwortlich – für die Altersschwäche und den daraus resultierenden Kollaps Ihres fahrbaren Untersatzes jedoch nicht. Wenn Sie auf Nummer Sicher gehen wollen, dann geben Sie den Wagen vorher zur Inspektion und teilen sich die Kosten. Setzen Sie außerdem bei Tageslicht ein »Mängelprotokoll« auf und halten Sie bereits bestehende äußere Schäden für den späteren Vergleich fest. Fotos von allen Seiten vereinfachen die Dokumentation.

Besser als all diese Formalitäten ist jedoch die Gewißheit, daß man sich im Ernstfall auf seinen Auto-Sitter verlassen kann. Falls Sie einen ADAC-Schutzbrief oder einen vergleichbaren Schutzbrief Ihrer Haftpflichtversicherung haben, dann überlassen Sie Ihrem Freund die nötigen Informationen. Als »berechtigter Insasse« kann er sich kostenlos abschleppen oder aus dem Ausland nach Hause befördern lassen.

Falls Sie länger als ein halbes Jahr unterwegs sind und nicht an Ihrem Auto hängen wie am Erbschmuck Ihrer Uroma, sollten Sie es am besten verkaufen. Erstens haben Sie dann mehr Geld für Ihr Sabbatical, und zweitens müssen Sie sich keine Gedanken über Diebstahl, Schäden usw. machen. Vielleicht kehren Sie ja auch mit der weisen Erkenntnis zurück, daß ein Auto nichts anderes ist als eines von vielen Fortbewegungsmitteln und daß man darauf problemlos verzichten kann.

Bargeld: ▶ Geld, Seite 133

Besitz

Trennen Sie sich von so vielen Dingen wie möglich. Mit jedem Stück, das Sie loswerden, fühlen Sie sich befreiter und Ihr Sabbatical-Konto wird voller. Machen Sie doch einfach nach amerikanischem Vorbild einen »Garage Sale« bei sich im Haus, im Garten oder in der Wohnung. Kleben Sie Preisschilder an alles, was Sie loswerden wollen, und laden Sie Freunde, Nachbarn und Passanten ein. Ein Schluck Sekt für jeden belebt Umsatz und Stimmung Ihrer Verkaufsveranstaltung.

Wertgegenstände, die Sie eh in Zukunft erneuern wollten wie Computer, Hifi-Anlage, Fotoausrüstung, Motorrad etc., sollten Sie lieber jetzt verkaufen, als nach dem Sabbatical. Mit jedem weiteren Monat sinkt der Wert. Geben Sie am besten kostenlose Kleinanzeigen in Anzeigenblättern auf.

Eine gute Faustregel für alles, was im Keller und in Schränken modert: Was Sie mehr als ein Jahr lang nicht benutzt haben, werden Sie auch in Zukunft nicht vermissen. Erst recht nicht, wenn Sie womöglich das nächste Jahr gar nicht zu Hause verbringen. Also weg damit. Selbst den unnützesten Plunder werden Sie noch auf dem Flohmarkt los. Die Standgebühr für eine Tapetentischlänge beträgt in der Regel um 30 Mark; bei »normalem« Plunder sind Einnahmen zwischen 300 und 500 Mark nicht unüblich – kein schlechtes Geschäft für fünf Kisten entsorgten Krempel. Auch den Inhalt

Ihres Kleiderschranks werden Sie auf diese Weise schnell los – allerdings zu Billigstpreisen. Bei teurer, gut erhaltener Markenware lohnt es sich, die Sachen bei einem Second-Hand-Laden in Kommission zu geben.

• Möbel

Wer seinen Krempel nicht in den eigenen vier Wänden oder bei Freunden lassen möchte, kann Möbel bei Speditionen einlagern. Es gibt dafür atmungsaktive Holzkisten, Stahlcontainer und normale Stellflächen. Die Lagerräume sollten möglichst beheizt sein, damit im Winter nichts schimmelt. Die üblichen Preise liegen bei 15 Mark pro Quadratmeter im Monat. Meist muß eine Kaution vorausgezahlt werden. Mit einem Einpersonenhaushalt kommt man flächenmäßig auf sechs bis zehn Quadratmeter Stellraum.
▶ **Mietwohnung,** Seite 142
▶ **Wohnungseigentum,** Seite 153

e-mail: ▶ **Post**, Seite 146

Flugticket: ▶ **Papiere**, Seite 145

Führerschein: ▶ **Papiere**, Seite 145

Geld

• Budget

Überschlagen Sie Ihre Finanzen. Wieviel können Sie für Ihr Sabbatical ausgeben, welche laufenden Kosten bleiben weiter bestehen? Dieser Betrag muß natürlich abrufbar sein. Wichtig ist auch, daß Sie eine Notreserve von ein paar tausend Mark auf Ihrem Konto oder mit Hilfe einer ▶ **Kontaktperson** zur Verfügung haben. Diese Summe werden Sie zu 99 % nicht benötigen, aber für den Fall eines überstürzten Rückflugs oder ähnlicher Katastrophen ist sie unerläßlich.

Es ist sinnvoll, einen Menschen des Vertrauens mit einer zweck-gebundenen, begrenzten Bankvollmacht auszustatten, der außerdem regelmäßig Ihre Kontoauszüge und Kreditkarten-Abrechnung überprüft. Im Notfall kann auf diese Weise rechtzeitig ein Batzen Geld lockergemacht werden, um Ihr Konto oder Ihr Kreditkarten-Depot wieder aufzufüllen.

Falls Sie an der Börse spekulieren oder in riskante Anlagemöglichkeiten investiert haben: Überprüfen Sie, ob Sie Ihre Aktien nicht lieber jetzt verkaufen, weil Sie die nächsten Monate wahrscheinlich keinen Überblick über die aktuellen Kurse behalten werden.

Ihre Finanzplanung fürs Sabbatical hängt davon ab, ob Sie sich an einem Ort, in einem einzigen Land oder auf Weltreise befinden.

• Auslandskonto

Das Postsparbuch ist das billigste Geldreservoir, da es ohne Gebühren auskommt. Allerdings ist die Auszahlung auf 2000 Mark im Monat begrenzt; Ihr Geld erhalten Sie nur auf dem Postamt und auch nur in 19 europäischen Ländern.

In allen europäischen Ländern, den USA, Kanada, Australien und Neuseeland lohnt es sich, bei einem längeren Aufenthalt vor Ort ein Girokonto zu eröffnen. Gehen Sie dort zu einer großen, überregionalen Bank mit möglichst vielen Filialen. Am einfachsten und günstigsten ist es, von Ihrer Bank zu Hause einen Betrag X auf das Auslandskonto überweisen zu lassen. Das dauert in der Regel eine Woche und kostet nicht mehr als 20 Mark. Per Bankkarte können Sie dann jeweils in den Städten vom Automaten soviel Geld abheben, wie Sie bis zur nächsten Etappe benötigen. Vor der Rückreise lösen Sie das Konto einfach wieder auf.

Wer sein Sabbatjahr in den USA oder Kanada verbringt, kann zum Beispiel zu Hause ein Konto bei der Citibank eröffnen: Damit ist man automatisch Kunde bei den Filialen im Ausland und spart sich den Überweisungsaufwand. Das gleiche gilt für die deutschen Niederlassungen großer ausländischer Banken.

• Bargeld

Nehmen Sie nicht mehr als ein Viertel des Reisebudgets in Bargeld mit. Cash wird am ehesten gestohlen oder geht verloren. Stabile Währungen wie Franken, Schilling, Franc, Pfund oder Gulden kann man bereits in Deutschland wechseln; auch US-Dollars sollte man hier holen, weil viele amerikanische Banken erhebliche Schwierigkeiten beim Umtausch machen. Bei Reisezielen wie der Türkei, Italien oder Spanien und allen Dritte-Welt-Ländern immer erst im Land tauschen: Erstens schwankt der Kurs ständig und ist vor Ort deutlich günstiger, zweitens darf nicht überall die Landeswährung eingeführt werden, so in Osteuropa, Kuba oder Afrika. Bei kleinen Wechselstuben aufpassen, denn die Gebühren sind oft sehr hoch. Auf jeden Fall einen Taschenrechner mitnehmen. Damit lassen sich Wechselkurse ausrechnen und krumme Geschäftemacher überführen. Manipulierte Rechenmaschinen sind in vielen Orten längst keine Seltenheit mehr.

Sinnvoll und sicher für Weltenbummler sind Reiseschecks bzw. Travellerschecks. Sie kosten beim Kauf 1 % Gebühr, bei der Einlösung im Ausland kommt nochmals eine Gebühr von 1 bis 3 % dazu. Bei Verlust gehen Sie mit dem Kaufbeleg – immer getrennt von den Schecks aufbewahren! – und Ihrem Ausweis zu einer Bank, die die gleichen Schecks verkauft. Oft bekommen Sie schon innerhalb von 24 Stunden Ersatz.

Mit Eurocheques bekommen Sie in europäischen Ländern Bargeld und können damit auch in Hotels und Geschäften zahlen, allerdings pro Scheck nur bis zu umgerechnet 400 Mark. Ihre Bank berechnet bei der Abrechnung 1,75 % Gebühr. Mittlerweile lehnen jedoch immer mehr Banken (z. B. in Schweden, Norwegen, Irland, Frankreich, Spanien und Italien) Eurocheques als überholtes Zahlungsmittel ab oder verlangen überhöhte Gebühren.

• Geldkarten

Wer viele Länder durchreist, sollte möglichst mehrere Kreditkarten dabei haben. Je nach Land wird eher Visa oder Mastercard bevorzugt. Sie zahlen in Hotels und Geschäften einfach mit einer Unterschrift, manchmal wird noch ein Ausweis verlangt. Das Kredit-Limit liegt je nach Anbieter bei 5000 bis 10 000 Mark pro Monat. Bei Verlust Ihrer Karte haften Sie nur mit einem Betrag bis höchstens 100 Mark und bekommen innerhalb von zwei bis sieben Tagen eine neue. Mit der Kreditkarte aber nach Möglichkeit kein Geld abheben. Banken verlangen 3 bis 5 % Gebühren; 10 Mark sind das Minimum, auch am Automaten. Bei längeren Weltreisen ist American Express zu empfehlen. Mit der AmEx-Karte kann man in den 3000 AmEx-Reisebüros, die es weltweit gibt, bargeldlos Travellerschecks kaufen. Außerdem hat die Firma einen ▶ Post-Service, der weltweit Briefe zum Abholen in die jeweiligen AmEx-Büros vor Ort weiterleitet.

In Europa und seit neuestem auch in den USA lieber mit der EC-Karte am Geldautomaten abheben: Wechseln in 30 Ländern zum Tageskurs; Gebühr pro Transaktion 5 Mark. Außerdem ist bargeldloses Zahlen an vielen elektronischen Kassen mit Geheimnummer möglich.

Ganz wichtig dabei: Falls Ihre EC-Karte nicht regelmäßig zum Einsatz kommt, dann schreiben Sie sich die Geheimnummer irgendwo auf, wo Sie sie nach dem Sabbatical auf jeden Fall wiederfinden! Wer mehr als sechs Monate seine Karte nicht in der Hand gehabt hat, dem fällt beim ersten Gang zum heimischen Bankautomaten garantiert nicht mehr die Nummer ein, mit der er wieder an seine D-Mark kommt.

Notfall-Nummern – hier erhalten Sie 24 Stunden täglich Hilfe bei Verlust oder Diebstahl:

EC-Karte: (069) 74 09 87
Mastercard: (069) 79 33 19 10
Visa: (0130) 81 49 10
American Express: (069) 97 97 10 00
Diners Club: (069) 26 03 50
Thomas Cook: (0130) 85 99 30

Wichtig: Wer sich hauptsächlich aufs Plastikgeld verläßt, sollte ungefähr den Überblick über seine Finanzen behalten und dafür sorgen, daß das Girokonto zu Hause ausreichend gedeckt ist. Nicht nur, weil irgendwann hohe Überziehungszinsen anfallen. Wer Pech hat, dem zieht ein Automat in Übersee plötzlich die gesperrte Kreditkarte ein, weil die Rechnungen daheim nicht bezahlt wurden. Und ohne Geld im Ausland wird die Situation sehr schnell richtig ungemütlich. Für den Notfall sollten Sie immer eine Geldreserve irgendwo am Körper versteckt haben, um zur nächsten Botschaft zu kommen oder telefonieren zu können.

Gepäck

Faustregel Nummer eins: So wenig wie möglich mitnehmen! Anfänger neigen dazu, für ein halbes Jahr in der Ferne den halben Hausrat samt Ball-Garderobe mitzuschleppen –»Man weiß ja nie ...«. Spätestens nach zwei Wochen wird das meiste davon verschenkt, weggeworfen oder nach Hause geschickt. Jedes Kilo zuviel ist bandscheibenschädigender Ballast. Wer in warme Länder reist, braucht daher lediglich einen mittleren Rucksack und einen kleinen Rucksack für einen dünnen Schlafsack, Shorts und lange Hose, Pullover oder Sweatshirt, Regenjacke, leichte Wanderschuhe und Badelatschen, zwei T-Shirts oder Hemden, Unterwäsche und Sonnenhut. Kleidung sollte jedoch das geringste Problem sein. Man bekommt alles davon in jeder größeren Stadt der Welt.

Wichtig sind: Kleine Taschenlampe (z. B. Maglite), Schweizer Taschenmesser (mit Säge, Dorn, Schere, Dosenöffner, Pinzette), billige Armbanduhr mit Wecker, Fotoausrüstung (nicht zu groß!), Paßbilder für Visas (schwarz-weiß genügt), Geldgurt (kein Umhängebeutel!), Taschenrechner, Feuerzeug und Schreibsachen. Bedrucktes Papier so weit wie möglich zu Hause lassen. In »Book exchanges«, Second-Hand-Läden für Bücher, kann man weltweit deutsche und englische Bücher gegen neue eintauschen oder für ein paar Mark kaufen. Wer mehr als 15 Kilo einpackt, hat schon zuviel dabei. Längeres Hotelsuchen oder Wandertouren werden dann zur Tortur, und es bleibt kein Platz mehr für Andenken von unterwegs.

Gesundheit

Ein gründlicher Gesundheitscheck ist Pflicht. Vor Reiseantritt sollten Sie alle notwendigen ▶ **Impfungen** (Informationen beim Gesundheitsamt und Ärzten für Tropenmedizin) erhalten haben. Lassen Sie auch eine Generalüberholung beim Zahnarzt machen und, falls Sie Gebißträger sind, gegebenenfalls ein zweites Gebiß anfertigen. Je nach Reiseland kann eine Behandlung unterwegs entweder ziemlich teuer oder hygienisch bedenklich werden. Das gleiche gilt für die gynäkologische Vorsorgeuntersuchung. Lassen Sie sich Medikamente, die Sie regelmäßig einnehmen müssen – auch die Pille –, auf Vorrat verschreiben und notieren Sie sich den Namen des Präparates bzw. seine Wirkstoffe zusätzlich, falls Sie irgendwo unterwegs doch noch Nachschub brauchen. Ansonsten nur eine Grundausstattung an Medikamenten mitnehmen. Die meisten gängigen Präparate kosten in vielen Ländern nur die Hälfte – was sich zum Beispiel bei einer langen Malaria-Prophylaxe rechnet.

Eine Ersatzbrille und ein zweites Paar Kontaktlinsen sollten Sie auf jeden Fall dabei haben. Kondome selbstverständlich auch.

▶ **Krankenversicherung,** Seite 138

Haftpflichtversicherung

Die private Haftpflichtversicherung kostet durchschnittlich zwischen 100 und 200 Mark im Jahr und gilt weltweit für einen Aufenthalt bis zu einem Jahr. Vor der Abreise sollten Sie aber mit dem Versicherungsunternehmen klären, ob bei einer Schadensregulierung bestimmte Voraussetzungen zu berücksichtigen sind. Es sollte in jedem Fall Fotos von angerichteten Schäden geben. Außerdem muß die Versicherung so schnell wie möglich von dem Schadensfall unterrichtet werden – also nicht erst womöglich Monate später bei der Rückkehr. Für manche Risiken (z. B. Bootsfahrten, Reiten usw.) gelten für verschiedene Länder auch unterschiedliche Haftungsbedingungen – auch das sollte man besser vorher abklären.

Housekeeper: ▶ Wohnungseigentum, Seite 153

Impfungen

Bei einem niedergelassenen Arzt für Tropenmedizin, beim örtlichen Gesundheitsamt oder beim Hamburger Bernhard-Nocht-Institut können Sie aktuelle Impfauskünfte zu einzelnen Regionen einholen. Bei längeren Reisen in exotische Länder sollten Sie sich bereits einige Monate vorher nach den notwendigen Vorkehrungen erkundigen. Seien Sie nicht fahrlässig, aber auch nicht zu übereifrig. Eine sechs Monate lange Malaria-Prophylaxe steht angesichts der Nebenwirkungen und der Toxizität in keinem Verhältnis zu der tatsächlichen Gefahr, die vielleicht während einer Asien-Rundreise droht. Außerdem haben Sie immer die Möglichkeit, sich zusätzlich durch Insektenmittel – die wirksamsten »Repellants« gibt's vor Ort zu kaufen –, Moskitonetze, lange Ärmel und Räucherspiralen vor den Mükken zu schützen.

Wenn Sie Ihr Sabbatical in einer unproblematischen Klimazone mit guter medizinischer Versorgung wie den USA, Kanada, Nordeuropa, Australien oder Neuseeland beginnen, können Sie sich auch dort bei einem Arzt vor der Weiterreise in ein tropisches oder subtropisches Land nach den nötigen Impfungen erkundigen und sich die entsprechenden Medikamente geben lassen. Gerade vielbereiste Länder wie Australien sind auf dem Sektor Tropenmedizin bestens informiert und ausgerüstet. Vergessen Sie aber nicht, daß manche Impfungen eine Vorlaufzeit von einigen Wochen benötigen, bevor der Impfschutz wirksam ist, und daß sie auf die bereits vorgenommenen Impfungen abgestimmt werden müssen. Nehmen Sie daher auf Ihre Reise auf jeden Fall den Impfpaß mit. Und erkundigen Sie sich im Zweifelsfall auch bei der Botschaft des jeweiligen Landes, welche Impfung für die Einreise Pflicht ist.

Bernhard-Nocht-Institut für Tropenmedizin
Bernhard-Nocht-Str. 74
20359 Hamburg

Tel.: 040/319 20 77,
Fax. 040/311 82-340
e-Mail: bni@bni.uni-hamburg.de

▶ **Gesundheit**, Seite 136
▶ **Krankenversicherung**, Seite 138

Kommunikation: ▶ **Post**, Seite 145, ▶ **Telefon**, Seite 150

Kontaktperson

Ob Ihr Haus noch steht, Ihr Chef entlassen wurde, Ihr Konto gedeckt und Oma wohlauf ist, kann Ihnen ein Mensch Ihres Vertrauens sagen, der den Überblick über Ihre Angelegenheiten zu Hause behält. Ernennen Sie also offiziell einen Freund oder Verwandten zur Kontaktperson, die mit Ihnen in regelmäßiger Verbindung steht. Name und Telefonnummer derjenigen sollten sowohl Ihr Arbeitgeber wie Ihr Vermieter und Ihr Untermieter haben. Wichtige offizielle Post – von Versicherungen, Finanzamt, Banken usw. – landet bei Ihrem Mittelsmann, wenn Sie rechtzeitig bei der Post einen Nachsendeantrag zu dessen Adresse stellen. Sie sollten Ihrer Kontaktperson außerdem eine zweckgebundene, begrenzte Bankvollmacht erteilen oder unterschriebene Blankoschecks dalassen, damit sie Ihnen im Notfall schnell und unbürokratisch Geld überweisen oder anfallende Rechnungen bezahlen kann.

▶ **Mietwohnung**, Seite 142

Krankenversicherung

Angestellte mit bezahltem Langzeiturlaub bleiben dank Blüms neuem »Flexi«-Gesetz in jedem Fall krankenversichert. Bei unbezahlter Freistellung werden Pflichtversicherte automatisch von ihrem Arbeitgeber bei der gesetzlichen Krankenkasse abgemeldet. Nach dem Sabbatical können sie wieder problemlos in die Kasse eintreten.

Freiwillig Versicherte müssen selbst kündigen. Vorsicht ist geboten, wenn man auch nach dem Sabbatical mit dem Gehalt über der Beitragsbemessungsgrenze liegt: Dann muß die Kasse den Versicherten nach der Aussetzphase nicht wieder aufnehmen. Innerhalb einer Frist von drei Monaten kann man sich jedoch nach dem Ausscheiden entscheiden, die Versicherung freiwillig fortzusetzen. Danach gibt es keine Rückkehrmöglichkeit mehr.

Freiwillige und Pflichtversicherte können sich für die Dauer des Sabbaticals freiwillig weiter krankenversichern; meist zu einem günstigeren Tarif. Voraussetzung ist, daß man die letzten 12 Monate am Stück oder in den letzten fünf Jahren insgesamt 24 Monate Beiträge gezahlt hat. Auch eine Anwartschaft ist möglich. Das bedeutet, daß die Versicherung gegen einen geringen Monatsbeitrag während der Sabbatical-Zeit ruht und anschließend zu den gleichen Konditionen fortgesetzt wird. Eine flexible Anwartschaft garantiert, daß die Kasse dann einspringt, wenn man – z. B. durch einen Unfall – sein Sabbatical früher als geplant abbricht.

Mit dem Auslandskrankenschein ist man auch während eines längeren Aufenthaltes – in der Regel maximal 12 Monate – in Europa abgesichert. Der E 111-Schein gilt unter Sonderbedingungen auch in Belgien, Bosnien-Herzegowina, Dänemark, Finnland, Griechenland, Großbritannien, Irland, Island, Italien, Jugoslawien, Liechtenstein, Luxemburg, Niederlande, Norwegen, Portugal, Schweden, Schweiz, Spanien, Tunesien und der Türkei. Vorsicht: Frankreich und Österreich beteiligen Patienten generell an den Kosten.

Die privaten Krankenversicherungen decken in der Regel weltweit einen Auslandsaufenthalt bis zu vier Wochen ab, in Europa jedoch unbegrenzt. Wer sich über einen bestimmten Zeitraum nur an einem Ort, zum Beispiel in den USA, aufhält, kann eventuell seinen Versicherungsschutz gegen einen Zuschlag auf dieses Land ausweiten. Darüber sollte man im einzelnen mit der Versicherung reden.

Auch privat Versicherte können eine Anwartschaft einleiten – ohne Neueinstufung nach der Rückkehr aus dem Sabbatical. Wer allerdings vorzeitig zurückkommt und zu Hause behandelt werden muß, ist dann erst mal nicht krankenversichert und muß im schlimmsten Fall aufs Sozialamt. Wenn Sie Ihre private Krankenversicherung während des Sabbaticals beibehalten wollen, sollten Sie überprüfen, ob der Rücktransport aus dem Ausland bei medizinischer Notwendigkeit versichert ist. Wenn Sie sich zum Beispiel in einem Dritte-Welt-Land aufhalten, wo Sie den Arzt vor Ort auch aus der eigenen Tasche bezahlen können, dann sind Sie damit eigentlich hinreichend abgesichert.

Für gesetzlich Krankenversicherte und alle, deren Krankenversicherung auf Anwartschaft läuft, empfiehlt sich in jedem Fall zusätzlich eine private Auslandsreise-Krankenversicherung, da die Kasse den Rücktransport aus dem Ausland nicht übernimmt. Das kann unter Umständen sehr teuer werden. Bei den meisten Auslandsreise-Krankenversicherungen müssen die Kosten vor Ort vorgestreckt werden und werden nachher gegen Quittung erstattet, was mit ein paar handschriftlichen Belegen aus Samoa vielleicht nicht immer ganz einfach ist.

Wer in einem Land wie den USA reist, wo ein Krankenhausaufenthalt schnell eine hiesige Luxushotel-Rechnung übersteigt, ist mit einer guten Auslandsversicherung bestens beraten. Vorausgesetzt, es gibt keine schwerwiegenden Einschränkungen in der Police. Wichtig ist auch die garantierte Rückholung ins Heimatland – natürlich per Flugzeug.

Auch bei einer zusätzlichen Unfallversicherung lohnt es sich, das Kleingedruckte genau zu lesen: 90 % aller Unfallversicherungen schließen nämlich höhere Gewalt, zum Beispiel Erdbeben, politische Unruhen etc., als Unfallursache aus. Die Police sollte außerdem weltweit 24 Stunden Deckung haben. Sonst taugt sie so viel wie eine Fahrradversicherung, die nur für ein tagsüber im verschlossenen Keller angekettetes Rad gilt.

Eine Auslandsreise-Krankenversicherung sollten Sie nach folgenden Kriterien aussuchen: Reisedauer (die meisten Jahrespolicen gelten nur für Reisen bis 4 oder 6 Wochen), keine Vorerkrankungsklausel (oder Sie dürfen die letzten Monate nicht beim Arzt gewesen sein!), keine Vorleistungsklausel (sonst benötigen Sie Auslandskrankenscheine und Berechtigungsscheine) und keine Staatsangehörigkeitsklausel (falls Sie nicht Deutscher sind und das Sabbatical in Ihrem Heimatland verbringen).

Welche Krankenversicherer Langfrist-Policen anbieten und genauere Einzelheiten zur Auslandsreise-Krankenversicherung erfahren Sie bei folgenden Stellen:

Verband der Privaten Krankenversicherung e.V.
Postfach 51 10 40
50946 Köln
Tel.: 0221/376 62-0
Fax: 0221/376 62-10
e-Mail: postmaster@pkv.de

Arbeitsgemeinschaft der Verbraucherverbände (AgV)
Heilsbachstr. 20
53123 Bonn
Tel.: 0228/64 89-0
Fax: 0228/64 42 48
e-Mail: mail@agv.de

▶ **Gesundheit,** Seite 136
▶ **Impfungen,** Seite 137

Lebensversicherung

Wem die monatlichen Beiträge für die Lebensversicherung zu stark aufs Portemonnaie drücken, kann die Versicherung für die Zeit des Sabbaticals ruhen lassen oder die Beiträge herunterschrauben bzw. stunden lassen. Einen Rechtsanspruch darauf gibt es nicht, allerdings sind die meisten Versicherungskonzerne nach schriftlicher Mitteilung für einen Zeitraum von sechs Monaten, manchmal auch 12 Monaten, dazu bereit. Auf jeden Fall sollte man sich vorher von der Versicherung ausrechnen lassen, wie sich die Stundung oder Ruhephase später in der Gesamtsumme bemerkbar macht – wahrscheinlich nämlich sehr empfindlich. Oft steht das jetzt »eingesparte« Geld nicht im Verhältnis zum späteren Verlust.

Vorsicht: Lebensversicherungen, die kürzer als 12 Jahre bestehen, müssen neuerdings versteuert werden. Durch eine Änderung Ihrer Beitragszahlung schließen Sie automatisch einen neuen Vertrag und damit eine neue Versicherung ab und werden später vom Finanzamt zur Kasse gebeten.

Mietwohnung

• Untervermieten

Sie können Ihre Wohnung behalten und weiter Miete zahlen. Das ist am komfortabelsten, kostet aber am meisten. Oder Sie kündigen und sparen damit laufende Kosten zu Hause, was aber nach der Rückkehr zu einigem Streß in Form von Wohnungssuche, vorübergehender Unterkunft bei Freunden usw. führen kann. Die Zwischenlösung heißt: Wohnung behalten und untervermieten. Grundsätzlich ist eine Untervermietung nur mit dem Einverständnis des Vermieters möglich. Obwohl eine mündliche Zusage reicht, ist eine schriftliche Bestätigung immer die bessere Lösung. Anders ist es, wenn man die Wohnung nur teilweise untervermietet und zum Beispiel noch ein Zimmer behält. Was sinnvoll und praktisch ist, weil man dort seine persönlichen Sachen unterstellen kann. In diesem Fall *muß* der Vermieter der Untervermietung zustimmen, wenn man außerdem ein nach Abschluß des Mietvertrages entstandenes »berechtigtes Interesse« an der Untervermietung nachweisen kann. Das können zum Beispiel finanzielle Gründe sein, weil man sechs Monate lang nichts verdient und die Wohnung sonst nicht halten könnte. »Ich brauche jemanden zum Blumengießen«, klingt sicher nicht ganz so überzeugend.

Für den Untermieter gelten gegenüber dem Hauptmieter die gleichen Rechte und Pflichten wie bei jedem Mietverhältnis. Schäden und Abnutzung durch normalen Gebrauch sind durch die Miete gedeckt; Brandlöcher im Teppich, die mit Rotwein gelöscht worden sind, natürlich nicht. Eine private Haftpflichtversicherung kann eine Menge Ärger und Kosten ersparen. Auch ein Untermietvertrag ist sinnvoll – besonders für den Fall, daß es sich der Untermieter plötzlich nach Ihrer Abreise wieder anders überlegt. Auf diese Weise läßt sich auch die monatliche Zahlung festlegen. Die Höhe liegt völlig im Ermessen des Mieters. Er darf auch mehr verlangen, als ihn die Wohnung selber kostet, aber muß im Rahmen des örtlichen Mietspiegels bleiben.

Wichtig, egal ob mit oder ohne Untermieter: Der Mieter muß während seiner Abwesenheit schriftlich erreichbar sein. Dafür reicht aber auch eine ▶ **Kontaktperson:** Wer ihr gleichzeitig Bankvollmacht erteilt, kann von ihr überprüfen lassen, ob die monatliche Untermiete gezahlt wird.

Selbst wenn der schlimmstmögliche Ernstfall eintritt und man Ihnen die Bude kündigt, während Sie in Indien meditieren, stehen Sie bei Ihrer Rückkehr nicht vor einer versiegelten Wohnungstür. »Der Vermieter muß erst eine Abmahnung schicken und einen Räumungsprozeß führen«, sagt der Jurist Hermann Wüstefeld vom Deutschen Mieterbund in Köln. »Bis das über die Bühne gegangen ist, vergeht in der Regel mindestens ein halbes Jahr.«

Wer in seiner Eigentumswohnung lebt und dort während seiner Abwesenheit jemanden einquartiert, beginnt damit ein richtiges Mietverhältnis mit allen Schikanen. Daher ist es wichtig, einen Mietvertrag aufzusetzen, der ausdrücklich »zum vorübergehenden Gebrauch« abgeschlossen wird. Hierzu reicht ein Standard-Vordruck aus dem Schreibwarenladen. Anfang und Ende des Mietverhältnisses sollten in jedem Fall drinstehen. Ohne einen Vertrag muß man nämlich im Ernstfall – wenn der »Untermieter« nicht mehr ausziehen will – nachweisen, daß es eine zeitlich begrenzte Abmachung gab. Da aber wahrscheinlich bereits jeden Monat ein mietähnlicher Betrag überwiesen wurde, könnte das schwer werden.

▶ **Abonnements,** Seite 127
▶ **Besitz/Möbel,** Seite 131
▶ **Post,** Seite 145
▶ **Rundfunk und Fernsehen,** Seite 147

● *Mitwohnzentrale*

Über 40 Vermittlungsbüros vom »Ring Europäischer Mitwohnzentralen e.V.« (REM) gibt es in Deutschland. Unter der Telefonnummer (plus Ortsvorwahl) 194 30 findet man sie in jeder größeren Stadt. Mitwohnzentralen arbeiten nicht nur für WG-Bewohner, sondern helfen auch, einen Untermieter zu finden. Dazu benötigt man aber in jedem Fall die Zustimmung seines Vermieters.

Es gelten die gleichen Bestimmungen wie beim selbst organisierten Untermietsverhältnis; die Leistung der Mitwohnzentrale beschränkt sich auf die reine Vermittlung. Allerdings ist der Untermieter in den ersten vier Monaten automatisch haftpflichtversichert. Wer unter vier Monate über den REM vermietet, muß eine komplett möblierte Wohnung anbieten. Die Mitwohnzentrale rät, in jedem Fall vom Untermieter eine Kaution zu nehmen. Für den Hauptmieter ist der Service kostenlos. Eine Gebühr darf die Mitwohnzentrale nur beim Untermieter kassieren: Bei sechs Monaten Untervermietung sind das zum Beispiel 95 % einer Monatsmiete; insgesamt maximal bis zu zwei Monatsmieten an Provision. Die Berechnung einer Pauschale oder Aufwandsentschädigung ist nicht erlaubt.

Die größten Chancen auf einen Untermieter hat man mit einer zentral gelegenen, preiswerten Ein- bis Drei-Zimmer-Wohnung. Jede Einschränkung wie »keine Raucher«, »nur Pärchen« etc. macht die Suche schwerer. Sonderwünsche, zum Beispiel alle Nachrichten vom Anrufbeantworter aufschreiben, gehen fast immer in die Hose. Die »Wohnung mit Katzenversorgung« findet entweder keinen Abnehmer, oder die Katze geht während Ihrer Abwesenheit ein.

Viele Unternehmen suchen für Neuzugänge oder Mitarbeiter aus dem Ausland eine möblierte Wohnung mit Stil für einen begrenzten Zeitraum. Denn nicht jeder fühlt sich in einer fremden Stadt auf Dauer im Hotelappartement wohl. Wenn Sie es schaffen, Ihre Wohnung über eine solche Firma unterzuvermieten – was inzwischen auch Mitwohnzentralen arrangieren –, dann sind Sie ein wahrer Glückspilz: Meist wird auch eine hohe Miete anstandslos gezahlt, denn die ist immer noch niedriger als eine Hotelrechnung; die Zahlungsmoral ist gut, und die Untermieter sind meist gutsituierte, verläßliche Leute. Auch Sonderkosten sind im Preis mit inbegriffen: Hat eine Plattenfirma eine Newcomer-Rockband für wochenlange CD-Aufnahmen in Ihrer Bude untergebracht, dann schickt sie anschließend sicher auch ein Renovierungskommando vorbei. Es lohnt sich, bei der Personalabteilung eines großen Konzerns in Ihrer Nähe nachzufragen. Oft verweist man Sie dann an Maklerbüros, die mit der Firma zusammenarbeiten.

• *Kündigen*

Jede Wohnung läßt sich kündigen. Die Frage ist nur, wann. Aus Zeitmietverträgen kommen Sie nicht vorzeitig raus, die müssen bis zum bitteren Ende abgewohnt werden. Bei unbefristeten Mietverträgen gilt bei bis zu 5 Jahren Wohndauer eine Kündigungsfrist von 3 Monaten, bei bis zu 8 Jahren 6 Monate, bei bis zu 10 Jahren 9 Monate und bei über 12 Jahren 12 Monate Kündigungsfrist. Der Vermieter muß schriftlich benachrichtigt werden.

Wer allerdings wegen Familienzuwachs, Jobwechsel oder Auslandsaufenthalt, also auch Sabbatical, umziehen muß, kann einen adäquaten Nachmieter stellen und dadurch vorzeitig ausziehen. Diese Nachmieter-Regelung gilt jedoch nur bei Zeitmietverträgen und Mietverhältnissen mit über 3 Monaten Kündigungsfrist.

Mitwohnzentrale: ▶ **Mietwohnung**, Seite 143

Möbel: ▶ **Besitz**, Seite 131

Papiere

Fotokopieren Sie Ihren Reisepaß – er sollte sechs Monate über die Reisezeit hinaus gültig sein –, Führerschein, Flugtickets und Kreditkarten (▶ **Geld/Geldkarten**) – und zwar doppelt. Eine Kopie nehmen Sie mit, eine zweite lassen Sie bei Ihrer ▶ **Kontaktperson**. Auf diese Weise haben Sie alle nötigen Informationen schnell zur Hand, falls die Originale abhanden gekommen sind. Machen Sie sich außerdem eine Notfall-Liste mit wichtigen Telefonnummern: Kreditkarten-Institut, Fluggesellschaft, Familienmitglieder usw. Besorgen Sie sich einen Internationalen Führerschein und vergessen Sie Ihren Impfpaß nicht.
▶ **Impfungen,** Seite 137

Post

● *zu Hause*

Vergessen Sie nicht, frühzeitig einen Nachsendeantrag zur Adresse Ihrer ▶ **Kontaktperson** zu stellen. Wenn Sie zusätzlich Ihren Versicherungen, Banken etc. diese Adresse mitteilen, gehen Sie doppelt sicher, daß nichts verlorengeht.

• *unterwegs*

Nichts ist schöner, als in Timbuktu einen Luftpostbrief aus Timmendorf oder Traunstein zu öffnen. Wenn Sie während Ihres Sabbaticals Post bekommen wollen und sich nicht an einer festen Adresse aufhalten, sollten Sie Ihren Freunden oder Familienmitgliedern eine Liste mit postlagernden Adressen geben. Falls Sie ungefähr wissen, in welchem Zeitraum Sie sich in einem Land oder einer Stadt befinden, dann geben Sie beispielsweise an: Julia Schneider c/o Main Post Office, Poste Restante, Bangkok, Thailand. Ihre Briefe werden in allen Postämtern weltweit für einen Monat aufbewahrt und dann wieder zurückgeschickt – oder weitergeleitet, wenn Sie einen entsprechenden Antrag vor Ort abgegeben haben. Eine Woche Postweg sollten Sie immer einrechnen; nach Afrika, Asien, Südamerika oder in die Südsee werden es auch schon mal drei Wochen. Päckchen und Pakete kommen in Dritte-Welt-Ländern allerdings nur selten an und werden gerne unterwegs geöffnet.

Eine kaum bekannte Alternative zur Poste Restante ist das Unternehmen American Express. Wenn Sie Kunde sind, also eine Kreditkarte oder Reiseschecks (▶ **Geld/Geldkarten**) besitzen, geben Sie als Adresse lediglich die Anschrift Ihres deutschen AmEx-Büros mit dem Vermerk »Client's Mail« an. Ihre Briefe (keine Päckchen!) werden dann entsprechend Ihrer Reiseroute in 1500 AmEx-Büros auf der ganzen Welt weitergeleitet und dort jeweils vier Wochen bis zum Abholen aufbewahrt. Zusätzlicher Vorteil: Damit ersparen Sie sich auch die langen Warteschlangen an den internationalen Hauptpostämtern.

Wer sein Sabbatical in der Nähe einer Steckdose und eines Telefons verbringt und über einen Laptop-Computer mit Internet-Modem verfügt, kann per e-Mail kommunizieren. (Zur Stromversorgung fürs Arbeiten unterwegs reicht auch ein Adapter fürs Autofeuerzeug, der an den Laptop paßt.) Wem solch ein mobiles Büro zu aufwendig ist, kann sich in einem der vielen Internet-Cafés, die es auf der ganzen Welt in jeder Großstadt gibt, ins Netz einloggen und dort seine elektronische Post bearbeiten.

▶ **Kontaktperson,** Seite 138

Reisepaß: ▶ **Papiere,** Seite 145

Rundfunk und Fernsehen

Wenn Sie nicht zu den Schwarzguckern zählen, dann wird es jetzt Zeit, daß Sie sich für die Dauer Ihres Sabbaticals aus dem Klammergriff der Gebühreneintreiber befreien. Melden Sie Ihr Heimkino einfach bei der Gebühreneinzugszentrale ab und sparen Sie damit 84 Mark pro Vierteljahr. Es reicht ein schriftlicher Hinweis, daß Sie sich ab dann und dann im Ausland befinden.

GEZ
Freimersdorfer Weg 6
50829 Köln
Tel.: 0221/50 61-0
Fax: 0221/50 61-507

▶ **Abonnements,** Seite 127
▶ **Post,** Seite 145
▶ **Telefon,** Seite 150

Sozialversicherung

Für alle – ob Freiberufler oder Angestellte – ist es sinnvoll, während des Sabbaticals durchgehend Rentenversicherungsbeiträge zu zahlen, weil sich die Fehlzeiten später empfindlich bemerkbar machen. Für die Pflichtversicherten kommt noch ein Vorteil dazu: Damit ist garantiert, daß man im Falle einer Berufs- oder Erwerbsunfähigkeit eine Rente gezahlt bekommt.

Selbständige, die freiwillig rentenversichert sind, können weiter einen Mindestbeitrag an die BfA überweisen und sind damit auch im Sabbatical rentenversichert.

Seit 1. 1. 1998 gilt das neue »Flexi«-Gesetz: Flexible Arbeitszeiten – und damit auch bezahlte Sabbaticals – sind sozialrechtlich abgesichert. Das bedeutet: Wer als Angestellter Langzeiturlaub nimmt, den er vorgearbeitet hat oder anschließend nacharbeiten wird, bleibt während dieser Zeit weiter in der Arbeitslosen-, Pflege-, Renten- und Krankenversicherung. Der Arbeitgeber zahlt, wie gehabt, seinen Anteil. Voraussetzung ist, daß das monatliche Entgelt während des Sabbaticals nicht unangemessen vom vorigen Lohn oder Gehalt abweicht und über der Geringfügigkeitsgrenze von 620 Mark liegt. Wer also sein dreimonatiges bezahltes Sabbatical auf sechs Monate auswalzt, indem er sich jeden Monat nur ein halbes Gehalt zahlen läßt, profitiert von der Gesetzesnovellierung leider nicht unbedingt.

Wenn das Sabbatical kein bezahlter Urlaub, sondern eine unbezahlte befristete Freistellung ist, gilt es nicht als sozialversicherungspflichtige Zeit. Die Firma meldet den Mitarbeiter bei den entsprechenden Stellen ab und auch wieder an. Während des Sabbaticals kann man sich freiwillig bei der BfA rentenversichern.

Komplizierter ist es bei den Freiberuflern. Bei angestellten Freiberuflern, z. B. Klinik-Ärzten, gilt das gleiche wie für andere Angestellten. Wer als Selbständiger zu einer Kammer gehört, z. B. niedergelassene Ärzte, Apotheker, Notare und Rechtsanwälte, muß während des Sabbaticals weiter Beiträge an ein Altersversorgungswerk zahlen. Selbständige, die Mitglied in der Künstlersozialkasse sind, z. B. Musiker, Schriftsteller, freie Journalisten, sollten auch während eines Sabbat-Jahres in der KSK bleiben. Wer weiter ein minimales Einkommen hat, das knapp über der Mindestgrenze liegt, bleibt dadurch rentenversichert und kann nach der Rückkehr auch problemlos in die ▶ **Krankenversicherung** zurück.

Steuern

Wer sich unbezahlt freistellen läßt – zum Beispiel für ein halbes Jahr – fährt in der steuerlichen Progression in jedem Fall besser, wenn er die einkommensfreie Zeit auf zwei Jahre verteilt. Also lieber von Oktober bis März verreisen als von März bis Oktober. Allerdings kann man dadurch seinen Anspruch aufs Weihnachtsgeld verlieren. In diesem Fall vorher mit dem Arbeitgeber regeln, daß man es anteilig mit dem letzten Gehalt im Jahr ausgezahlt bekommt.

Für Selbständige und Freiberufler, die während des Sabbaticals wahrscheinlich kaum oder gar nichts verdienen werden, lohnt es sich, bereits im Vorjahr so viele Einnahmen wie möglich ins einkommensschwache Reisejahr zu verschieben bzw. noch im alten Jahr größere Investitionen zu tätigen.

Wichtig für alle, die ein ganzes Jahr aussteigen, z. B. das Jahr 2000, aber ihre Steuererklärung für 1999 noch nicht abgegeben haben: Selbständige können den Termin per Fristverlängerungsantrag bis zum 28. 2. 2001 hinausschieben; Angestellte bis zum 31. 12. 2001. Ein Sabbatical steuerlich geltend zu machen, ist nicht ganz einfach. Es sei denn, man ist zum Beispiel Fotograf und verkauft anschließend die Reiseaufnahmen. Wer einen Sprachkurs oder ähnliches im Sinne einer beruflichen Weiterbildung (vgl. ab Seite 87) absolviert, kann die Kosten dafür, inklusive Reise und Unterkunft, nur dann absetzen, wenn der Arbeitgeber dem Finanzamt schriftlich bestätigt, daß diese Maßnahme für eine berufliche Qualifikation wichtig gewesen ist und zum Beispiel zu einer verantwortungsvolleren Tätigkeit oder Gehaltserhöhung geführt hat. Je spezieller und enger zugeschnitten die Weiterbildung ist, desto besser. Englischkurse im Ausland haben bei Finanzbeamten in der Regel kaum eine Chance, weil dahinter ein privates Interesse vermutet wird. So oder so: Vorsichtshalber erst mal sämtliche Quittungen und Belege aus der Reisezeit sammeln und zur Sicherheit einen Steuerberater zu Rate ziehen.

Tagebuch

Ihr wichtigstes Sabbatical-Utensil ist eine leere Kladde. Auch wenn Sie vorher noch nie in Ihrem Leben eine persönliche Zeile über sich auf Papier gebracht haben: Versuchen Sie es! Die Gedanken, Gefühle und Erfahrungen, die im Laufe eines Ausstiegs auf Zeit erscheinen, sind wertvolle Erinnerungen an die vielleicht spannendste Zeit Ihres Lebens. Kein Foto und kein Video kann diese Epoche so widerspiegeln und für Sie später lebendig werden lassen, wie Ihre ganz privaten Aufzeichnungen. Wenn Ihnen das Tagebuchschreiben partout nicht gefällt, dann sollten Sie sich Kopien von den Briefen machen, die Sie von unterwegs an gute Freunde schreiben. Sinn macht auch ein regelmäßiger Rundbrief, der den Leuten zu Hause alles von wichtig bis witzig mitteilt und nur vervielfältigt zu werden braucht.

Telefon

• *zu Hause*

Sie können Ihr Telefon natürlich ungenutzt angemeldet lassen. Das kostet Sie dann weiterhin jeden Monat die Grundgebühr von etwa 25 Mark bzw. 50 Mark bei ISDN-Anschlüssen. Wenn Sie Ihr Telefon für die Zeit des Sabbaticals lieber abmelden wollen, ist dies kostenlos; nur die Anmeldung nach der Rückkehr wird eventuell teuer. Wurde Ihre Nummer in der Zwischenzeit vergeben und eine neue Leitung erstellt, dann kostet Sie die Wiederanmeldung 100 Mark bzw. 200 Mark bei ISDN-Anschlüssen. Besteht die alte Leitung noch, dann zahlen Sie für die Anmeldung die Hälfte: 50 Mark bzw. 100 Mark bei ISDN-Anschlüssen. Wenn Sie genau wissen, daß Sie zu einem bestimmten Zeitpunkt aus dem Sabbatical wiederkehren und Ihre alte Telefonnummer behalten möchten, dann teilen Sie das der Telekom schriftlich bei der Abmeldung mit. Wenn es sich nicht um eine jahrelange Abwesenheit handelt, halten sich die Mitarbeiter in der Regel daran, und Sie zahlen die geringere Anmeldegebühr.

Falls Sie einen Untermieter in Ihrer Wohnung haben, der sicher auch Ihr Telefon benutzen will, können Sie folgendes machen: Sie melden ab, Ihr Untermieter meldet sich an und zahlt; bei Ihrer Rückkehr meldet sich der Untermieter ab und Sie sich wieder an. Einfacher und preiswerter für beide wird es, wenn der Telefonanschluß weiterhin auf Ihren Namen läuft, aber der Untermieter die Rechnung bezahlt. Dafür ändern Sie – im Falle einer Einzugsberechtigung – lediglich das Rechnungskonto, von dem die Telekom abbucht, und teilen Ihrer Bank sowie der Telekom die Angaben schriftlich mit. Bei Fragen: Deutsche Telekom, Tel. 011 14; falls Sie ein privates Telekommunikations-Unternehmen beauftragt haben, sollten Sie auch dort unter der Service-Nummer nachfragen.

• *unterwegs*

Während des Sabbaticals von unterwegs aus nach Hause zu telefonieren, kann für Sie teuer werden, wenn Sie es von einem Hotel aus tun. Öffentliche Fernsprecher sind immer billiger. Mittlerweile gibt es in den meisten Ländern Telefonkarten zu kaufen. Vorsicht bei den Calling-Cards, die Sie in Deutschland erstehen können: Da man beim Telefonieren die Kosten nicht kontrollieren kann, wird es schnell teurer, als man ahnt. Außerdem fallen Vermittlungsgebühren an. Die Telekom zum Beispiel schlägt auf die T-Card drei Mark auf den Normalpreis, was sich bei kurzen Ferngesprächen deutlich bemerkbar macht. Und bei den Anbietern, die an Kreditkarten gekoppelt sind, kommt meist eine hohe Operator-Gebühr pro Gespräch dazu. Vorteil: Sie haben immer eine Karte zur Hand und müssen nicht in jedem Land neue Währung oder Telefonkarten erstehen.

Wer ein Handy dabei hat, sollte sich vorher erkundigen, ob das entsprechende Netz im jeweiligen Land auch funktioniert.

Der letzte Schrei für Handy-Fetischisten sind Satelliten-Mobiltelefone. Sie garantieren rund um die Uhr globale Erreichbarkeit, kosten aber entsprechend mehr.

Untervermietung:

Versicherungen:

Autoversicherung: ▶ **Auto,** Seite 128
Haftpflichtversicherung, Seite 136
Krankenversicherung, Seite 138
Lebensversicherung, Seite 141
Sozialversicherung, Seite 147
Unfallversicherung: ▶ **Krankenversicherung,** Seite 138

Visa

Innerhalb Europas genügt der Personalausweis. In immer mehr
Fernreise-Länder kann man als Tourist für drei Monate ohne Visum
einreisen. Für längere Aufenthalte von mehreren Monaten ist es
aber besser, sich vorher bei der Botschaft des jeweiligen Landes (Sitz
in Bonn bzw. Berlin) zu erkundigen. Bei manchen Botschaften kann
die Abwicklung der Visaformalitäten sehr, sehr lange dauern – daher
vorsichtshalber bereits mehrere Monate vor der Abreise anfragen.
Einige Beispiele:

Afrika: jeweilige Botschaft kontaktieren.

Asien: jeweilige Botschaft kontaktieren.

Australien: Touristenvisum gibt es für drei und sechs Monate; das
dreimonatige Visum kann man vor Ort für ca. 150 australische Dollar auch verlängern lassen. Der Reisepaß muß sechs Monate über
die Aufenthaltsdauer hinaus gültig sein.

Kanada: drei Monate visafrei; visafreie Verlängerung des Aufenthaltes ist bis zu einem Jahr möglich, wenn man dies bei der Einreise
angibt. Der Reisepaß muß bis zum Ende des Aufenthalts gültig sein.

Neuseeland: drei Monate visafrei; man muß ein Rückreiseticket
vorweisen können. Ein längeres Touristenvisum muß über die neu-
seeländische Botschaft in London beantragt werden. Der Reisepaß
muß drei Monate über die Aufenthaltsdauer hinaus gültig sein.

ehemaliger Ostblock: jeweilige Botschaft kontaktieren.

Südamerika: Botschaft kontaktieren.

USA: drei Monate visafrei; man muß ein Rückreiseticket vorweisen können. Wer bis zu sechs Monaten bleiben will, muß ein Visum beantragen und zum persönlichen Interview im Konsulat erscheinen. Der Reisepaß muß bis zum Ende der Aufenthaltsdauer gültig sein.

Die Visum-Beschaffung kann man – insbesondere in dringenden oder komplizierten Fällen – auch von einer Agentur machen lassen; die Gebühr beträgt im Regelfall ca. 40 Mark:

SerVisum Konsular- und Visum-Agentur GmbH
Eppendorfer Landstraße 89
20249 Hamburg
Tel.: 040/480 00 50
Fax: 040/48 35 80

▶ **Impfungen,** Seite 137
▶ **Papiere,** Seite 145

Wohnung kündigen: ▶ Mietwohnung, Seite 142

Wohnungseigentum

Im Service-Mekka USA sind »Housekeeper« durchaus üblich. Wer Angst um sein Eigenheim hat, das zu lange leer steht, kann mittlerweile auch in Deutschland einen erfahrenen Senioren mit besten Referenzen anheuern, der während eines Sabbaticals nach dem Rechten schaut. Vorausgesetzt, man kann sich den Luxus leisten: Der Verband Deutscher Haushüter-Agenturen (VDHA) vermittelt wachsame Pensionäre für rund 80 Mark am Tag (bei mehreren Monaten gibt es Rabatt). Im Preis inbegriffen ist eine Versicherung, falls beim vielen Staubwedeln etwas zu Bruch gehen sollte.

VDHA
Postfach 48 01 64
48078 Münster
Tel.: 0251/71 71
Fax: 0251/270 72
e-Mail: 0250129716 – 001@t-online.de

Falls Sie ein Chalet im Allgäu oder eine Wohnung in Berlin besitzen und einige Wochen oder Monate lieber in einem Bungalow in Florida oder einer Berghütte in Kanada verbringen wollen, können Sie Ihr Haus tauschen – natürlich gratis, bis auf die Nebenkosten. Vielleicht gibt's auch noch das Auto, die Mitgliedschaft im Fitness-Club und die Barbecue-Einladung bei den Nachbarn dazu. Für 130 Mark bietet die Agentur Holiday Service in einem Katalog 8000 Häuser und Wohnungen in 50 Ländern an. Der Worldwide Home Exchange Club in London hat rund 1000 Häuser in 35 Ländern im Angebot. Für einen Jahresbeitrag von umgerechnet 90 Mark kann man sich im Katalog aufnehmen lassen.

Holiday Service
Seehofstr. 50
96117 Memmelsdorf
Tel.: 0951/430 55
Fax: 0951/430 57
e-Mail: homelink@t-online.de

Worldwide Home Exchange Club
50 Hans Crescent
London SW1 XONA
England
Tel.: (0044) 171/823 99 37

Zum Schluß: Relax!

Der wichtigste Tip heißt: Machen Sie sich nicht verrückt. Wenn Sie erstmal raus und unterwegs sind, werden Sie schnell feststellen, wie überflüssig die meisten Ihrer Sorgen waren. Denn Sie hätten sich das ganze Kopfzerbrechen sparen können. Selbst wenn Sie nur einen Bruchteil der hier aufgeführten Ratschläge berücksichtigen, kann bei Ihrem Sabbatical eigentlich nicht viel schiefgehen. Mal ehrlich: Was soll Ihnen schon groß passieren? Auch in Ihrem normalen Alltagstrott sind Sie nicht rund um die Uhr gegen alle Eventualitäten abgesichert und leben trotzdem noch.

Die Hauptsache ist nicht, daß Sie vorher alles perfekt organisiert haben, sondern daß Sie sich auf die Zeit, die vor Ihnen liegt, freuen können – und zwar möglichst ohne Streß. Bei einem Ausstieg auf Zeit kommt sowieso alles ganz anders, als Sie meinen – was für ein Glück!

Literaturtips

Bell, Arthur H.: Great Jobs Abroad. USA, McGraw-Hill 1997.

Breloer, Heinrich/Schauhoff, Frank: Mallorca, ein Jahr. Köln 1995.

Chatwin, Bruce: Traumpfade. Stuttgart 1992

Davidson, Robyn: Spuren. Reinbek 1982.

Dlugozima, Hope/Scott, James/Sharp, David: Six Month Off. Henry Holt and Company, New York 1996.

Elten, Jörg Andrees: Ganz entspannt im Hier und Jetzt. Reinbek 1979.

Gutmann, Joachim: Arbeiten im Ausland. Stuttgart 1994.

Holzach, Michael: Das vergessene Volk. Hamburg 1980.

Holzach, Michael: Deutschland umsonst – Zu Fuß und ohne Geld durch ein Wohlstandsland. Hamburg 1993.

Klein, Wolfgang: Jobben weltweit. Freiburg 1997.

Körke, Harald: Noch ein verdammter Tag im Paradies. Tübingen 1988.

McMillon, Bill: Volunteer Vacations, Chicago Rewiew Press.

Müller, Jörg: Jobs im Ausland. Arbeiten, wo andere Urlaub machen. München 1995.

Riedel, Burkhard: Lebe deinen Traum. München 1997.

Rieder, Jonny: Jobs im Ausland – Von der Idee zum Kofferpacken. München 1998.

Schachmann, Martin: Arbeiten im Ausland. International bewerben, arbeiten, jobben und weiterbilden. München 1996.

Seidel, Frank: Jobben für Natur und Umwelt. Freiburg 1997.

Seymore, John: Das große Buch vom Leben auf dem Lande. Ravensburg 1997.

Steves, Rick: Rick Steves‹ Europe Through the Back Door 1998. USA, John Muir 1997.

The Guide to Cooking Schools 1998. USA, Shawguides 1997.

van der Wetering, Janwillem: Der leere Spiegel. Reinbek 1981.

Register